혜경궁 홍씨의 부친이며 사도세자의 장인인

洪鳳漢 간찰첩

정승경 譯註

도서출판
안북스

| 추천사 |

　조선 후기에 서울 중앙(中央)에서 '중인(中人)'이라고 하면, 의관(醫官), 역관(譯官) 등 기술직(技術職)을 가리키는 좁은 의미의 중인과 이들 기술직 중인뿐 아니라 경아전(京衙前)과 양반의 서얼(庶孼)을 아울러 포괄하여 가리키는 넓은 의미의 중인이 있었다. 이러한 서울 중앙의 용례를 따라 지방(地方)에서도 향리(鄕吏), 곧 지방 아전(衙前)들을 중인(中人)으로 부르기도 했는데, 이 또한 넓은 의미의 중인 개념이라 할 것이다.

　정승경 박사의 이 『洪鳳漢 간찰첩』은 홍봉한(洪鳳漢, 1713~1778)이 경상도 의성현(義城縣)의 향리(鄕吏) 오산악(吳山岳)에게 보낸 간찰(簡札)과 홍봉한의 손자 홍수영(洪守榮, ?~1798)이 오산악의 손자 오영우(吳永祐)를 통해 오산악의 아들인 오재성(吳載成)에게 보낸 간찰, 그리고 홍수영과 홍수영의 아들 홍세주(洪世周, 1791~?)가 쓴 두 편의 발문(跋文)을 첩(帖)으로 엮은 것을 탈초하고 번역한 것이다.
　홍봉한은 정조의 생모인 혜경궁 홍씨(惠慶宮 洪氏, 1735~1816)의 아버지이자 사도세자의 장인이며 정조의 외조부이다. 홍수영과 홍세주의 발문에 의하면, 홍봉한 집안이 오산악과 인연을 맺게 된 것은 홍봉한의 부친 홍현보(洪鉉輔, 1680~1740)가 의성 현령으로 있을 때부터이다. 이때 홍봉한은 겨우 아홉 살이었고 오산악은 통인(通引)으로 있었다.

이후 홍봉한으로부터 그 증손자 홍세주에 이르기까지, 또 오산악으로부터 그 손자 오영우에 이르기까지, 서울의 중앙 문벌 가문과 지방의 중인 향리 가문 사이의 교분과 교류 양상의 일단을 보여주는 이 간찰첩은 조선후기 역사 및 생활사를 이해하는 데 참으로 귀중한 자료가 된다고 하지 않을 수 없다.

정승경 박사는 지난해(2022)에 '霽月堂 宋奎濂家 所藏「先札」譯注'로 문학박사 학위를 취득한 바 있다. 이 논문은 제월당 송규렴(宋奎濂, 1630~1709)의 집안에 소장되어 오던, 宋奎濂을 비롯한 宋氏家 인물들이 주고받은 簡札帖인「先札」을 탈초하고 번역한 것으로서, 역시 조선후기 역사 및 생활사 이해에 중요한 자료가 될 것으로 생각한다. 나는 이 박사학위 논문이 먼저 책으로 출판될 것으로 생각했었는데, 이보다 먼저 이 『洪鳳漢 간찰첩』이 나오게 되었다. 간찰의 번역은 그 탈초 작업이 참으로 난관 중의 난관이라 할 것인데, 정승경 박사는 초서(草書) 해독에 능통하여 박사학위논문 이후 이처럼 짧은 시일 내에 또 이 『洪鳳漢 간찰첩』을 탈초하고 번역한 것이다. 탈초 작업은 본인의 공부도 되겠지만 무엇보다도 대중들을 위하는 보시(普施)의 하나라고 할 수 있겠는바, 특히 초서에 몽매(蒙昧)한 나같은 사람에게는 그 공덕(功德)을 무어라 칭송할 말이 없다.

정승경 박사가 앞으로도 꾸준히 보시의 공덕을 베풀기를 고대하면서...

2023년 9월 24일 윤재민(尹在敏) (고려대학교 한문학과 명예교수)

| 목차 |

I   들어가는 말 · 07

II   홍봉한 연보 · 15

III 홍봉한 간찰첩의 구성과 편찬 경위 · 23

IV   홍봉한 간찰첩을 통해 본 양반과 중인의 교류 양상 · 35

     간찰 01 38 | 간찰 02 40 | 간찰 03 42 | 간찰 04 46
     간찰 05 48 | 간찰 06 50 | 간찰 07 52 | 간찰 08 54
     간찰 09 56 | 간찰 10 58 | 간찰 11 60 | 간찰 12 62
     간찰 13 64 | 간찰 14 66 | 간찰 15 68 | 간찰 16 72
     간찰 17 74 | 간찰 18 76 | 간찰 19 78 | 발문 20 80
     발문 21 86

V   나오는 말 · 91

I

들어가는 말

I. 들어가는 말

이 간찰첩은 조선시대 혜경궁 홍씨의 부친인 익익재(翼翼齋) 홍봉한(洪鳳漢, 1713~1778)이 통인(通引)에게 보낸 간찰 18통과 홍봉한의 손자 홍수영(洪守榮, ?~1798)이 쓴 한 통의 간찰, 그리고 홍봉한의 손자 홍수영과 증손자인 홍세주(洪世周, 1791~?)가 쓴 두 편의 발문을 첩으로 엮은 것이다.

홍봉한의 부친 홍현보(洪鉉輔, 1680~1740)가 의성현령을 지내던 1721년, 온 가족이 서울로 이주하게 되자 당시 통인(通引)으로 있던 오산악(吳山岳)과 헤어지기를 아쉬워하는 아홉 살의 홍봉한이 등장하며 시간여행이 시작된다.

홍봉한(洪鳳漢)은 정조의 생모인 혜경궁 홍씨(惠慶宮 洪氏, 1735~1816)의 아버지이자 사도세자의 장인이며 정조의 외조부이다. 그동안 혜경궁 홍씨를 위시하여 영조와 사도세자, 그리고 정조와 주변인물에 대한 논문과 책 등 수많은 연구가 있었고, 혜경궁 홍씨도 『한중록』을 비롯하여 네 번에 걸쳐 쓴 글[1]이 있다.

---

1) 『한중록』은 현재 원전이 발견되지 않은 채 총 14종의 이본이 전한다. 혜경궁 홍씨가 61세에 쓴 『한중록(閑中錄)』, 67세와 68세에 쓴 『읍혈록(泣血錄)』, 71세에 쓴 『한중록(恨中錄)』은 창작동기를 달리하여 남긴 네 편으로 분류하며 각각의 글 서두에서 글을 쓰게 된 동기를 밝히고 있다. 정은임, 문학의 창으로 본 조선의 궁중문화2, 『혜경궁 홍씨와 왕실 사람들』, 2010, p26

홍봉한의 딸로 1744년 10살에 세자빈에 간택되어[2] 70여년을 궁중에서 살다 간 혜경궁 홍씨는 세자빈에 간택된 뒤 쇠락해있던 풍산홍씨 가문을 일으키게 되어 일가의 관직 뿐 아니라 홍봉한의 관직이 수직상승을 하기도 하였지만[3] 그 반면, 1762년 사도세자가 뒤주에 갇혀 죽은 '임오화변(壬午禍變)'이 있었고, 1764년에는 사도세자 사후 죄인의 후사로 정통을 잇는 것을 염려한 결과 당시 세손(훗날 정조)을 영조의 요절한 자손인 효장세자의 아들로 입후한다는 '갑신처분(甲申處分)'이 있었다. 그리고 1771년 2월에는 왕손추대 사건으로 홍봉한이 서인(庶人)으로 강등되어 청주(淸州)에 귀양가게 되자 혜경궁은 투신을 시도하다 부상을 입은 사건도 있었다. 그 후에도 마지막 보루였던 정조가 1800년에 49세의 나이로 갑자기 죽자 혜경궁 홍씨의 친정과 그 전부터 알력하며 파벌과 의견이 달랐던 영조의 계비(繼妃) 정순왕후는 마침내 신유사옥(辛酉史獄)을 일으켜 혜경궁 홍씨의 친정 동생인 홍낙임(洪樂任, 1741~1801)을 시파(時派)의 거두로 지목하여 죽이며 혜경궁 홍씨의 친정이 몰락하는 계기가 된다.

이렇게 홍봉한의 삶은 그의 딸인 혜경궁 홍씨의 입지와 함께 왕실의 정세를 배경으로 그에 따라 부침하였다. 이에 대한 고찰은 2010년에 김영민의 논문 『英·正祖代 豊山 洪鳳漢家門의 부흥과 분열』을 통해 다양한 각도로 분석되었으며, 2015년에 정만조의 논문 『혜경궁의 삶과 영조대 중·후반의 정

---

[2] 『朝鮮王朝實錄』, 영조 19년 11월 13일에 혜경궁 홍씨가 세자빈으로 간택되었다.
[3] 홍봉한은 32세인 1744년 1월 9일에 딸이 세자빈이 된 후, 그해 10월 19일의 文科殿試에서 급제하고, 같은 해 11월에 정5품의 文學으로 세자시강원을 시작으로 33세 4월에 광주부윤, 9월에 승지, 34세에 3월에 公洪監司, 35세에 이조참의, 36세에 경기감사, 37세에 병조참판, 9월에 예조참판, 38세에 어영대장이 되었다.

국』에서도 구체적으로 연구되었다. 그 밖에 2015년에 임혜련의 논문 『영조~순조대 惠慶宮의 위상 변화』에서 정치적 상황에 따른 홍봉한의 위치 변화를 살폈으며, 2015년에 이근호의 논문 『18세기 후반 혜경궁 가문의 정치적 역할과 위상』에서도 다양한 각도의 연구가 이루어졌다. 그 외에 홍봉한의 저서에 대한 연구로는 2017년 구순옥의 논문 『洪鳳漢의 正史彙鑑 譯注 : 卷1과 卷2를 대상으로』에서 홍봉한의 저서인 『正史彙鑑』에 관하여 연구하였다. 이 연구는 정조의 정치관과 문장에 많은 영향을 미쳤던 홍봉한의 문장과 경학, 경세와 교육에 대한 사상을 살펴볼 수 있는 자료이다. 또한 2020년에도 孫琮銀의 논문 『洪鳳漢(1713-1778)의 정치 활동과 평가의 추이』에서도 홍봉한이 펼친 정치와 경제에 걸친 다양한 연구가 이루어졌다.

홍봉한은 정치적인 면모 뿐 아니라 영조의 굳은 신뢰에 힘입어 여러 가지 중요한 국가적 법 제정에도 참여하였다. 그 가운데서도 중요한 것은 균역법의 제정과 정착에 참여한 것과 임진강의 방비 강화, 공노비의 신공(身貢) 감면 문제, 청계천의 준천사업 등에 주도적인 역할을 한 점이다.

홍봉한에 대한 여러 분야에 걸친 다양한 연구는 혜경궁 홍씨와 연계되어 펼쳐졌는데, 혜경궁 홍씨가 네 편에 걸쳐 수필양식으로 쓴 『한중록』이 여러 분야의 다양한 연구의 근간이 되었다. 이번 간찰에 대한 연구에서도 통인(通引)에게 간찰을 보내던 다양한 시점에 홍봉한이 어떤 지위에서 어떤 생각으로 쓴 것인지에 대하여도 살펴보았다.

이 간찰은 수신자가 통인(通引)이므로 편지에서 짧막하게 당시의 회포를 나타내는 글 외에 풍산 홍씨(豐山 洪氏) 가문에서 벌어졌던 어떠한 당대의 역사적 사실도 쓰여있지 않다. 19편의 간찰에서 다양한 정세가 나와있는 간찰은 단 하나에 불과하며 다른 간찰에서는 자신이 현실에서 겪는 감정을 집약적으로 드러냈을 뿐이다. 이 간찰첩에서 홍봉한이 자신의 처지를 구체적으로 언급한 간찰은 홍봉한이 영조 47년인 1771년에 잠시 청주(淸州)로 귀양가 있을 때[4] 쓴 '간찰 14번'으로 다른 간찰과는 달리 구체적인 내용이 있어 인용하였다.

'간찰14'
피봉 : 오첨지(吳僉知)전에 회답
청주(淸州) 귀양지에서 답장함

…나는 뜻밖에 엄중한 견책을 받아서 오직 황공할 뿐일세. 귀양지에 도착한 뒤로

…신묘년(1771년) 2월 26일에, 청주(淸州) 귀양지에서 쓰다.[5]

이 간찰첩은 대부분 홍봉한이 통인에게 보낸 간찰이지만 그에 머물지 않고 다시 홍봉한을 이은 후손과 통인을 이은 후손이 후손대 후손으로 이어져 그

---

4) 이 사건은 사도세자의 아들로 숙빈임씨(肅嬪林氏)의 소생인 은언군(恩彦君, 1754~1801)과 은신군(恩信君, 1755~1771)에게 초헌(軺軒)을 빌려주거나 교자(轎子)를 만들어 준 것이 빌미가 되어 그들을 비호한다는 이유로 홍봉한을 청주에 付處하라는 명이 내려진 사건이다. 명이 내려졌다가 며칠 후 부처의 명이 다시 거두어졌다.『영조실록』116권, 영조 47년(1771년 2월 9일),『영조실록』116권, 영조 47년(1771년 2월 11일), 그러나 이 간찰에서 보면 付處의 명이 거두어진 후 보름 이상이 경과하도록 홍봉한은 귀양간 장소에 머물고 있다는 것을 알 수 있다.
5) 간찰 14번 : 피봉 吳僉知前回傳. 淸州讁中答狀
　…此間 意外嚴譴 只益惶悚. 到配以後…
　辛二卄六日 淸州 讁中 書(1771 辛卯年)

들의 발문이 함께 있다는 점에서, 그리고 조선시대에 영의정까지 오른 홍봉한과 통인 집안이 삼대에 걸쳐 내왕하며 의의를 지켰다는 것에서 흔하지 않은 면모를 보여주고 있다.

홍봉한이 통인(通引)인 오산악(吳山岳)에게 쓴 간찰은 간단한 안부와 용건이 대부분이지만 홍봉한의 후손이 쓴 두 발문(跋文)은 비교적 길다. 간찰은 짧게 쓰였으나 후세의 발문을 포괄하면 무려 다섯 세대에 걸친 이야기가 있고[6] 두 집안이 있다. 그리고 한 가문과 인생의 희노애락이 다 들어있다.

홍봉한을 중심으로 그의 부친과 아들, 손자와 증손자 등은 국가의 관리를 지냈기에 실록과 승정원일기를 비롯하여 많은 자료를 통하여 밝힐 수 있었다. 그러나 수신자인 통인 오산악(吳山岳)이나 그의 아들인 오재성(吳載成), 그리고 오산악의 손자인 오영우(吳永祐)와 '발문 21'에 나오는 오영록(吳永祿) 등에 대한 정보는 앞으로의 연구가 더 필요하다고 판단된다.

발문에 의하면 오산악이 의성에 살았다는 것과 마을 사정을 잘 아는 사람으로서 통인(通仁)으로 지냈다는 것, 그리고 그의 아들인 오재성이 지금의 의성(義城)인 문소(聞韶) 사람이라고 말한 것이 그들에 대한 정보의 전부다. 따라서 의성(義城)이 해주오씨의 집성촌의 한 곳 이었다는 사실을 근거로 해주 오씨일 가능성을 추론하였다.[7]

---

6) 이 간찰에 언급된 다섯 세대는 다음과 같다. 홍현보(洪鉉輔, 1680~1740), 홍봉한(洪鳳漢, 1713~1778), 홍낙인(洪樂仁, 1729~1777), 홍수영(洪守榮, ?~1798), 홍세주(洪世周, 1791~?)이다. 수신자는 吳山岳, 吳載成, 吳永祐, 吳永祿으로 조부, 아들, 손자들로 추정되나 구체적인 정보는 미상이다.
7) 『萬家譜』에 나오는 모든 오씨를 조사했으나 찾을 수 없었고, website를 통한 조사로는 吳山岳이나 吳載成이 나오지만 시대와 장소 등 여러 가지를 참작하여 同名異

이 간찰첩의 소재처에 대하여는 '간찰 3번'을 참고할 수 있다. 원래 오산악과 홍봉한이 주고 받은 간찰을 오씨 집안에서 보관해 오다가 훗날 그 간찰을 엮어 첩으로 만들고서 홍봉한의 후손에게 발문을 써달라고 청한 것으로 간찰의 내용에 의하면 소재처는 오씨의 집안이었던 것으로 판단된다. '간찰 3번'에 첩으로 만든 목적과 경위가 나타나 있어 인용하였다.

간찰 3

… 편지를 첩(帖)으로 만들어 보내온 것을 보고 무척 고마웠네. 게다가 자네가 나중에 흩어져 없어질 것을 염려하여 이렇게 거두어 붙였으니, 자네 뜻이 정말 고맙고 자네 성의를 저버릴 수 없네. 간찰첩 아래에 사실을 쓰고 위에 제목을 써서 보내니 살펴봄이 어떻겠는가. 우리 집안의 후손들이 뒷날 이 간찰첩을 본다면 그 감격스럽고 다행스러움이 또한 마땅히 내가 오늘 느끼는 마음과 같을 것일세.…[8]

이 자료는 양반과 중인(中人) 사이에 오간 간찰이라는 점에서 희귀하다고 하겠다. 무엇보다 초서로 쓰인 간찰이 주로 양반가에서 사용되었다고 생각하기 쉽지만 예컨대 홍세태(洪世泰, 1653~1725)는 중인 출신이지만 양반 못지 않은 문장력을 갖추고 있었고 『槿墨』에는 중인(中人) 홍세태의 초서로 쓰인 차운시(次韻詩)가 실려 있어 현재 발굴되지 않은 여항문학 등 학문에 조예가 깊은 中人에 대한 연구도 필요하다고 생각한다.

人이라는 결론을 내렸다. 또한 중인의 족보로 알려진 李昌鉉 등이 찬한 『姓源錄』과 『海州吳氏族譜木活字本』, 『海州吳氏大同譜』에서도 찾지 못하였다.
8) …書牘作帖送示 欲悉起感. 且汝或慮以後散失 有此收而付貼 汝意誠可感 汝意不可孤. 卷下紀實 帖上書題以去 見之如何. 吾家後承之他日見之者 其所感幸 亦當如吾今日之心也.…

홍봉한 연보

홍봉한 연보[1]   1713~1735

- **1세** **1713년, 숙종39**
  2월 23일, 安洞[2]에서 태어나다.

- **6세** **1718년, 숙종44**
  8월, 모친 任氏가 세상을 떠나다.

- **10세** **1722년, 경종2**
  辛壬士禍로 伯父 洪錫輔가 巨濟로 귀양가고, 부친 洪鉉輔는 삭탈관직 되다.

- **14세** **1724년, 경종4**
  백부 洪錫輔가 있는 平壤任所로 가다.

- **15세** **1727년, 영조3**
  4월, 황해도관찰사 李濼의 딸과 혼인하다.
  7월, 부친 洪鉉輔가 백부 洪錫輔를 모시고 鷗湖에서 머물게 되어 따라가다.

- **16세** **1728년, 영조4**
  부친 洪鉉輔가 서울 집으로 돌아오다.

- **17세** **1729년, 영조5**
  1월, 장남 洪樂仁이 태어나다.

- **19세** **1731년, 영조7**
  부친 洪鉉輔의 任所인 京畿 監營으로 가다.

- **21세** **1733년, 영조9**
  9월, 식년시에서 진사 초시 3등에 들다.

- **23세** **1735년, 영조11**
  4월, 증광시 진사 3등 제9인에 들다.
  6월, 딸(혜경궁)이 태어나다.

---

1) 홍봉한의 연보는 홍봉한의 첫째 아들인 洪樂仁이 1776에 편찬한『先父君年譜略』과 홍봉한의 둘째 아들인 洪樂信의『洪翼靖遺事』와 洪鳳漢의『翼翼齋漫錄』을 참고하고,『朝鮮王朝實錄』과 『承政院日記』등에 근거하여 작성하였다.

2) 안국방(安國坊)의 안쪽에 위치한 동네 이름이다. 안국방은 조선시대 초기부터 있던 한성부 북부 12방 중의 하나이다. 현재로는 재동·화동·안국동 각 일부가 이에 해당한다.

1736~1746

- 24세 **1736년, 영조12**
  可洲 안중관(安重觀, 1683~1752)에게 『周易』을 배우다.
  안중관이 '翼翼'이라는 齋號를 지어주다.

- 28세 **1740년, 영조16**
  윤6월, 부친 정헌공 홍현보가 세상을 떠나다.

- 30세 **1742년, 영조18**
  9월, 敬陵 참봉에 첫째로 추천되었으나 받지 않다.

- 31세 **1743년, 영조19**
  7월, 의릉참봉이 되다.
  9월, 딸이 세자빈의 재간택에 들다.
  10월, 딸이 세자빈의 삼간택에 들다.
  11월, 翊衛司洗馬가 되다. 딸이 세자빈으로 간택되다.

- 32세 **1744년, 영조20**
  1월, 딸이 왕세자빈에 책봉되다
  10월, 문과 정시 초시 1등 3인에 들다. 문과 을과 제1인으로 급제하다.
  11월, 承政院 假注書가 되다. 侍講院 文學이 되다.

- 33세 **1745년, 영조21**
  4월, 廣州府尹이 되다.
  9월, 同副承旨가 되다.
  10월, 右副承旨가 되다.

- 34세 **1746년, 영조22**
  1월, 左副承旨가 되다
  2월, 楊州牧使가 되다.
  3월, 公洪 監司가 되다.
  9월, 工曹參議가 되다.
  10월, 右副承旨가 되다.
  12월, 左副承旨가 되다.

- 35세 **1747년, 영조23**
  2월, 戶曹參議가 되다.
  6월, 右副承旨가 되다. 左副承旨가 되다.
  9월, 右承旨가 되다 공조 참의가 되다
  10월, 右副承旨가 되다.

- 36세 **1748년, 영조24**
  1월, 大司成이 되다
  5월, 左承旨가 되다. 京畿 監司가 되다.

- 37세 **1749년 영조25**
  1월, 사도세자의 代理聽政이 시작되다.
  3월, 同知中樞府事, 長興庫 提調, 差備局 堂上官이 되다.
  4월, 병조참판이 되다.
  6월, 도승지가 되다.
  9월, 예조 참판이 되다. 승문원 제조가 되다.

- 38세 **1750년, 영조26**
  1월, 御營大將이 되고 同義禁을 겸하다.
  3월, 右尹이 되다.
  5월, 戶曹 參判이 되다.
  6월, 同知春秋館事가 되다.

- 39세 **1751년, 영조27**
  4월, 嘉義大夫에 오르다.
  5월, 예조 참판이 되다. 청계천이 홍수에 취약한 점을 들어 민생을 위해 준천(濬川)할 것을 청하다.

- 40세 **1752년, 영조28**
  7월, 호조참판이 되다.
  9월, 뒷날 正祖가 되는 외손이 태어나다. 대사헌이 되다.
  10월, 호조참판이 되고 資憲大夫로 오르다.

1753~1758

- 41세 **1753년, 영조29**
  1월, 예조 판서가 되다.
  10월, 司譯院提調를 겸하다.
  12월, 좌참찬이 되다. 漢江, 路梁, 楊花의 세 鎭을 三營에 분속할 것을 청하다.

- 42세 **1754년, 영조30**
  10월, 총융사가 되다. 臨津의 수비 강화를 위해 臨津節目을 새로 올리다.

- 43세 **1755년, 영조31**
  2월, 寺奴婢減貢節目을 바로 잡으라는 명을 받다.
  3월, 御營大將이 되다.
  5월, 병조 판서가 되다.
  8월, 妻 貞夫人 李氏가 세상을 떠나다.

- 44세 **1756년, 영조32**
  1월, 숭정대부로 오르다. 宋時烈과 宋浚吉을 祚遷하지 말 것을 청하다.
  2월, 廣州 留守가 되다.
  10월, 평안도 관찰사가 되다.
  12월, 關西백성의 빚 수만 냥을 견감하다.

- 45세 **1757년, 영조33**
  2월, 비변사 당상관이 되다.
  3월, 선혜청 당상관이 되다.
  4월, 총융사가 되다.
  5월, 판의금부사 겸 지경연이 되다.
  7월, 어영대장이 되다. 승문원 제조가 되다.
  10월, 우참찬 겸 지경연이 되다.
  12월, 공조판서가 되다.

- 46세 **1758년, 영조34**
  7월, 우참찬이 되다. 훈련대장이 되다. 軍器寺提調가 되다.
  8월, 承文院提調가 되다. 金昌集의 시문집 『夢窩集』의 간행에 자금을 지원하다.
  10월, 총융사가 되다.

- 47세 **1759년, 영조35**
  2월, 외손〔正祖〕이 왕세손에 책봉되다.
  5월, 崇祿大夫로 오르다. 嶺南에 漕運船을 만들 것을 청하다.
  10월, 濬川堂上에 제수되어 절목을 정하라는 명을 받다.
  12월, 예조판서가 되다. 호조판서가 되어 貢布의 폐단을 시정할 것을 청하다.

- 48세 **1760년, 영조36**
  3월, 濬川의 役事를 감독하라는 명을 받다.
  4월, 청계천 공사 기념첩 『濬川契帖』의 서문을 쓰다.
  8월, 좌참찬이 되다.
  9월, 금위대장이 되다.

- 49세 **1761년, 영조37**
  3월, 우의정 겸 承文院都提調가 되다. 內局都提調가 되다.
  4월, 軍資監都提調, 訓鍊都監都提調, 宗廟署都提調, 사복시 제조를 겸하다.
  사도세자가 비밀리에 평양에 다녀오다. 영조가 알게 되어 관련자를 처벌하다.
  8월, 좌의정 겸 世子傅가 되다.
  9월, 영의정이 되다.

- 50세 **1762년, 영조38**
  5월, 사도세자의 非行을 나경언이 고변하다.
  8월, 외손〔正祖〕이 東宮에 책봉되다.

- 51세 **1763년, 영조39**
  4월, 흉년에 대비하여 濟民倉을 청하여 설치하다.
  5월, 領中樞府事가 되다.
  7월, 영의정이 되다.

- 52세 **1764년, 영조40**
  2월, 동궁〔正祖〕의 종통을 孝章世子로 하는 '甲申處分'이 있었다.
  5월, 영의정이 되다.
  7월, 시무6조를 올리다.
  11월, 「保民司節目」을 올리다.

- 54세 **1766년, 영조42년**
  9월, 領中樞府事가 되다. 繼母 이씨부인이 세상을 떠나다.
  임금이 승지를 보내어 조문하다.
- 55세 **1767년, 영조43년**
  임금이 부친 정헌공에게 제사(祭祀)를 내리다.
- 56세 **1768년, 영조44년**
  11월, 계모 이씨부인의 喪禮를 마치다.
- 57세 영의정 겸 承文院都提調가 되다.
  1769년, 영조45년
  1월, 『正史彙鑑』3)을 춘궁에 올리다.
  6월, 외손인 동궁〔正祖〕이 당호로 '貞休堂'을 써주다.
- 58세 12월, 임금이 홍봉한 등에게 『東國文獻備考』를 간행하라고 명하다.
  1770년, 영조46년
  3월, 청주의 한유가 홍봉한을 처벌하자는 상소를 올리자 사직하다.
  奉朝賀가 되다. 동대문 밖 셋째 아들인 洪樂任의 집에서 은둔하다.
  4월, 임금이 승지를 보내 敦諭하다.
- 59세 **1771년, 영조47**
  2월, 사도세자의 아들 恩彦君과 恩信君이 삭탈관직되고 제주로 유배가다.
  은언군과 은신군에게 軺軒을 빌려준 것이 빌미가 되어 淸州에 부처되다.
  곧 사면되어 果川 村舍에서 처벌을 기다리다.
  3월, 서명을 받아 龍湖 村舍에서 머물다.
  4월, 三湖〔마포〕의 洪樂信의 집에 옮겨 머물다.
  은신군이 유배지인 제주에서 세상을 떠나다
  6월, 임금의 부름을 받아 入侍하다.

---

3) 정사휘감(正史彙鑑) : 1769년(영조 45), 홍봉한이 영의정으로 있을 때 세자의 강학자료로 만든 것이다. 8권 4책으로 구성되어있다. 내용은 왕가에서 본받고 경계해야 할 사실들을 중국의 역대 사서와 한국의 사실도 함께 인용하여 저술한 것이다.

- 8월, 韓鏴가 다시 홍봉한을 벌하자는 상소를 올리고 사헌부와 사간원이 연명으로 계사를 올려 면직되어 庶人이 되다. 경기도 高陽 文峯에서 살다.

60세 1772년, 영조48
- 1월, 봉조하가 되다.
- 7월, 김귀주와 김관주가 홍봉한을 처벌하자는 상소를 올려 파직되다.
- 9월, 봉조하가 되다.

63세 1775년, 영조51
- 12월, 동궁에게 대리청정의 명이 내리다.

64세 1776년, 영조52
- 3월, 영조가 승하하다. 정조가 즉위하다.
- 4월, 정조의 대리청정을 반대한 동생 홍인한이 유배되다.
- 7월, 홍인한이 賜死되다.

65세 1777년, 정조1
- 6월, 맏아들 홍낙인이 세상을 떠나다.

66세 1778년, 정조2
- 12월 4일, 고양 문봉의 분암에서 세상을 떠나다. 정조가 망곡하고 청풍부원군의 예로 장례할 것을 명하다. 승지를 보내 치제하다. 정조가 친히 제문을 지어 보내다.

1784년, 정조8
- 8월 24일, '翼靖'이라는 시호가 내려지다.

III

홍봉한 간찰첩의 구성과 편찬 경위

II. 홍봉한 간찰첩의 구성과 편찬 경위

이 간찰첩은 총 19통의 간찰과 두 편의 발문으로 구성되어있다. 홍봉한(洪鳳漢)이 통인(通引) 오산악(吳山岳)에게 보낸 간찰이 주를 이루고 있는데, 보낸 형식은 직접 오산악에게 전한 것도 있고 오산악이 오지 못하는 상황이면 오산악 본인을 대신하여 그의 아들이나 동생을 통하여 보낸 것도 있다.[9]

그 외에 이 간찰이 오씨집안에서 보관되어 오다가 오산악이 죽은 후 오산악의 아들인 오재성(吳載成)이 간직하고 있던 홍봉한과 그의 부친인 오산악 사이에 오간 간찰을 첩으로 묶어 두 집안의 후손들끼리 만나 간찰첩에 대한 발문을 쓴 내용으로 구성되어있다. 번역을 한 결과 성첩된 차례가 시간 순서대로 엮어진 것이 아님이 밝혀졌다. 연도별로 홍봉한의 관직과 간찰을 보낸 날짜를 바탕으로 간찰의 차례를 재정리하면 다음과 같다.

먼저 <표1>에서 간찰첩이 묶여 있는 차례대로 간찰의 번호와 작성시기, 발신인과 수신인을 정리하고, 다시 <표2>에서 간찰이 쓰인 시간별로 차례를 정리하였다.

---

[9] 오산악 대신 아들이 방문한 간찰은 '간찰 6번'과 '간찰 15번'이며, 오산악 대신에 아우가 방문한 간찰은 '간찰 10번'이다. '간찰 3번'은 오산악의 死後에 그의 아들 오재성에게 보낸 것이다.

<표1>

간찰번호	작성시기	발신인	수신인
01	1755년 6월 27일	洪判書	오산악(吳山岳)
02	1770년 3월 8일	洪領府事	오산악
03	1790년 2월 26일	星州衙門	오리(吳吏)-吳載成으로 추정
04	1759年 11月 8日	洪判書	오산악
05	1760年 11月 20日	禁將	오산악
06	1761年 8月 17日	右議政	오산악
70	1775年 1月 12日	奉朝賀	오첨지
08	1766年 12月 24日	安國洞	오산악
90	1755年 11月 23日	安國洞	오산악
10	1753年 8月 10日	御營大將	아전오산악〔吳吏山岳〕
11	1757年 11月 28日	安國洞	
12	1758年 4月 18日	洪判書	오산악
13	1768年 9月 29日	洪領府事	오산악
14	1771年 2月 26日	淸州謫所	오첨지
15	1754年 4月 26日	安國洞	오산악
16	1771年 7月 4日	麻湖	오첨지(吳僉知)
17	1759年 6月 23日	洪判書	오산악
18	1765年 4月 7日	領議政	오산악
19	1754年 동짓날	洪判書	오산악
20	1790年, 2月 26日	洪守榮의 跋文	오영우(吳永祐)
21	1817年 2月 1日	洪世周의 跋文	오영록(吳永祿)

<표2>

간찰번호	작성시기	발신인	수신인
10	1753년 8월 10일	御營大將	아전오산악 (吳吏山岳)
15	1754년 4월 26일	安國洞	아전 오산악
19	1754년 동짓날	洪判書	아전 오산악
01	1755년 6월 27일	洪判書	아전 오산악
09	1755년 11월 23일	安國洞	아전 오산악
11	1757년 11월 28일	安國洞	없음
12	1758년 4월 18일	洪判書	아전 오산악
17	1759년 6월 23일	洪判書	아전 오산악
04	1759년 11월 8일	洪判書	아전 오산악
05	1760년 11월 20일	금장(禁將)	아전 오산악
06	1761년 8월 17일	右議政	아전 오산악
18	1765년 4월 7일	洪判書	오산악
08	1766년 12월 24일	安國洞	아전 오산악
13	1768년 9월 29일	洪領府事	아전 오산악
02	1770년 3월 8일	洪領府事	아전 오산악
14	1771년 2월 26일	청주적소(淸州謫所)	오첨지(吳僉知)
16	1771년 7월 4일	마호(麻湖)	오첨지
07	1775년 1월 12일	봉조하(奉朝賀)	오첨지
03	1790년 2월 26일	홍봉한의 손자 홍수영(洪守榮)	오리(吳吏)
발문 20	1790년 2월 26일	홍봉한의 손자 홍수영이 쓴 跋文	오산악의 손자 오영우(吳永祐)
발문 21	1817년 2월 1일	홍봉한의 증손자 홍세주(洪世周)가 쓴 跋文	오산악의 손자 오영록(吳永祿)

위 표에서 살펴본 것과 같이 이 간찰첩에 나타난 홍봉한과 통인 오산악 사이에 오간 간찰은 1753년 8월 10일부터 1775년 1월 12일까지로 나타난다. 수신자에 대하여는 아전을 나타내는 리(吏)가 대부분이며 후반부 1771년부터는 '아전 오산악' 대신에 '오첨지'라고 하여 명칭의 변화가 있는 것을 볼 수 있다.

구체적으로 이름이 쓰여있지는 않지만 이때 이미 오산악을 대신하여 그의 후손이 아전 역할을 대신 맡고 있었을 가능성을 보이고 있다. 이때 오산악이 아전 역할에서 물러났을 가능성을 구체적으로 뒷받침하는 간찰은 1765년에 쓰인 '간찰 18번'이다. 이 간찰에서 오산악이 그의 동서인 권덕(權德)을 홍봉한에게 소개하고 그 후로 홍봉한의 소식을 자주 들을 수 있게 되었다고 한 것으로 이미 오산악은 그 전부터 통인 역할을 그의 자손에게 일임하였거나 또는 자신을 대신하여 주변인으로 하여금 일을 보고하게 하였다고 판단된다.

그리고 '간찰 3번'과 '발문 20번'은 1790년 2월 26일 같은 날에 쓴 것으로 '간찰 3번'에 수신자의 이름이 쓰여있지는 않으나 같은 날인 것으로 미루어 두 가지 모두 홍봉한의 손자인 홍수영(洪守榮)이 성주목사(星州牧使)로 있을 때 오산악의 손자 오영우(吳永祐)에게 써 보내어 오산악의 아들인 오재성에게 보낸 글이라고 추정된다.

간찰첩의 마지막은 1817년 2월 1일에 홍봉한의 증손자인 홍세주(洪世周)가 오산악의 손자인 오영록(吳永祿)에게 써 보낸 것이며 역시 발문이다. 시간적 간극이 27년에 이르는 '발문 20'과 '발문 21'의 두 편의 발문에는 이 간찰첩을 엮게 된 계기와 목적이 구체적으로 드러나 있어 인용하였다.

[사진 1, 간찰 20번]

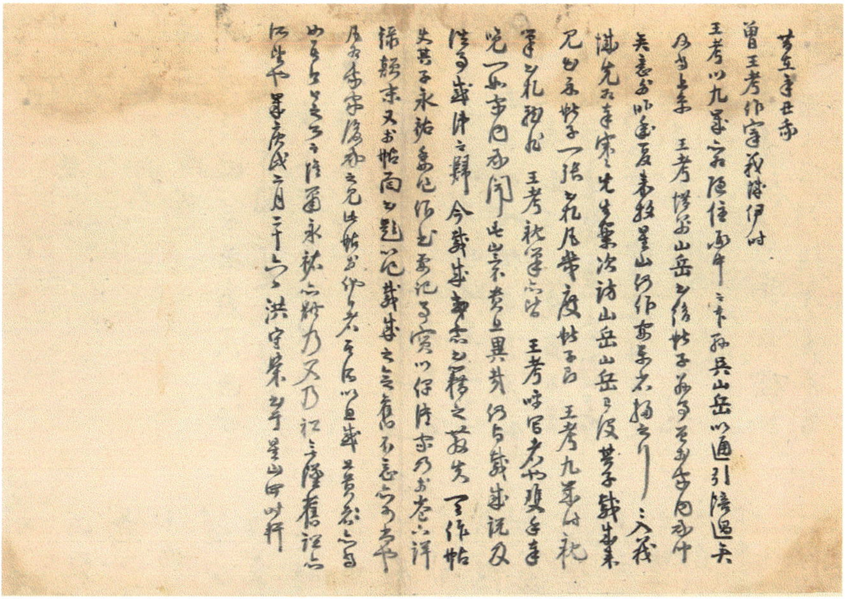

③ 간찰 20

'… 재성은 서적이 흩어져 없어질 것을 염려하여 하나하나 첩으로 만들어 그의 아들 영우(永祐)에게 위임하여 보내어 글을 써서 사실을 기록하여 집안에 보관하고 전하기를 원하였다. … 또 첩면(帖面)에 책의 제목을 써서 보내었으니…' [10]

---

10) …今載成, 或慮書籍之散失, 一一作帖, 使其子永祐委送, 作書, 要記事實, 以保傳家, …又於帖面, 書題以送.

[사진 2, 간찰 21번]

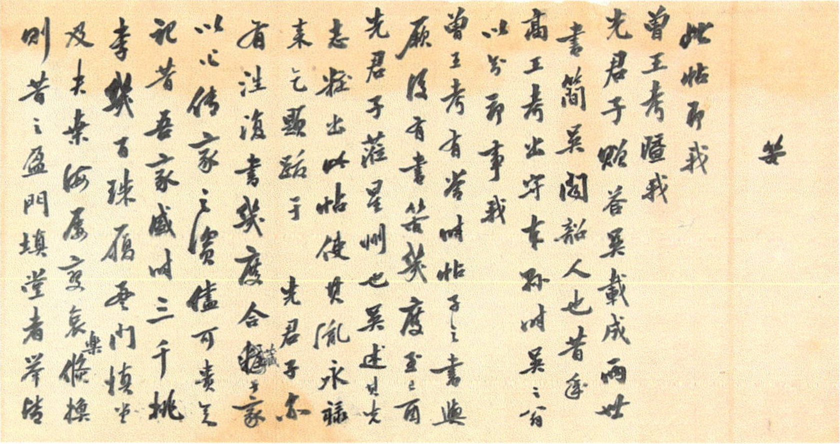

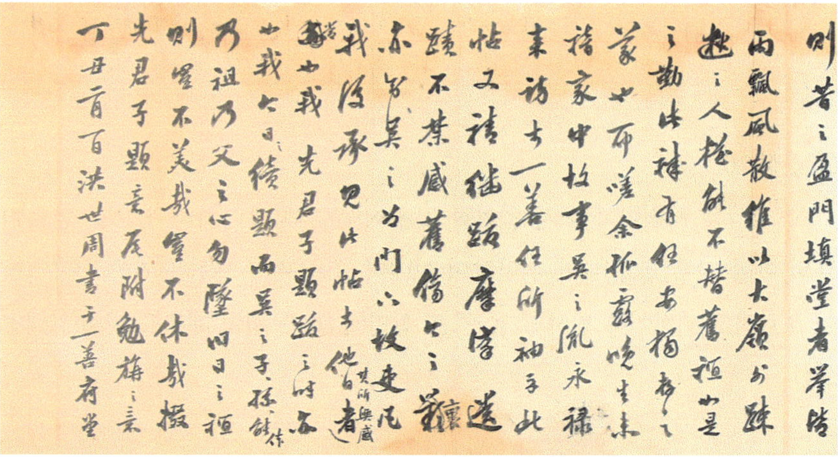

발문 21 : 簡

    이 간찰첩(簡札帖)은 나의 증조부(洪鳳漢)와 나의 아버지(洪守榮)께서 오재성(吳載成) 父子와 주고 받은 서간이다. 오재성은 문소(聞韶)사람이다. 옛날에 고조부(洪鉉輔)께서 의성현령으로 나가셨을 때 재성의 아버지 산악(山岳)이 고을 사정을 잘 아는 아전으로서 증조할아버지(洪鳳漢)를 모셨다.

당시에 써 준 체자(帖子)와 그 뒤에 보낸 몇 통의 편지가 있다. 기유년(己酉年, 1789년)에 아버지께서 성주(星州)를 다스릴 적에 재성이 죽은 아비 산악의 뜻을 이어서 이 간찰첩을 만들었고, 아들 영록(吳永祿)을 시켜서 아버지께 발문을 써 달라고 부탁하였다. 또 주고 받은 몇 통의 편지와 함께 갈무리하여 대대로 집안에 전하는 보물로 삼았으니, 참으로 귀하게 여긴 것이다. …

… 옛적 우리 집이 융성했을 때는 무수한 인재와 온갖 벼슬아치들이 집에 가득했던 것을 기억하고 있다. 그러나 여러 차례 상전벽해 같은 변고를 겪고 슬픔과 즐거움이 갑자기 변하자 예전에 집을 가득 메웠던 사람의 대부분이 흩날리는 빗방울과 부는 바람처럼 흩어졌다. **오직 머나먼 영남의 소원했던 사람만이 오히려 지난날에 사이좋게 지내던 정을 바꾸지 않고 이처럼 정성스러우니, 이는 참으로 임안(任安)이 홀로 지킨 의리가 아니겠는가.** …

… 오재성의 아들 영록이 일선(一善, 선산)의 임소(任所)로 찾아와 소매에서 이 간찰첩을 꺼내어 보여주며 아버지의 뒤를 이어 발문을 써 달라고 부탁하였다.
… 또한 오산악이 우리 문중의 옛날 아전이었다는 것도 알게 되었다.
… 오산악의 자손들도 그들 선조의 마음을 깊이 깨달아 옛날의 두터웠던 정을 잃어버리지 않는다면, 어찌 아름답지 않겠는가, 어찌 훌륭하지 않겠는가. 아버지께서 발문을 쓰신 뜻을 이어서 끝에 격려하는 뜻을 덧붙여 적는다.
정축년(丁丑年, 1817년) 2월 1일에 홍세주(洪世周)가 일선부당(一善府堂)에서 쓰다.[11]

---

11) 간찰 21 : 簡
　　此帖卽, 我曾王考, 暨我先君子, 贈答吳載成兩世書簡. 吳, 聞韶人也. 昔年, 高王考,

이 간찰첩의 발신자는 홍봉한과 그의 손자인 홍수영, 그리고 홍봉한의 증손자인 홍세주까지 이어지고, 수신인은 오산악과 그의 아들인 오재성, 그리고 오산악의 손자인 오영우와 오영록에게까지 이어지고 있다. 이 간찰첩에 나타난 시간을 보면 홍봉한과 오산악은 22여년간 편지를 주고 받은 것을 알 수 있는데, 물론 그 전부터 홍봉한의 아버지인 홍현보에까지 이어진 것을 알 수 있다.[12] 이 간찰첩을 근거로 하면, 홍봉한과 오산악 사이에 오간 편지는 22년이라는 긴 시간 동안 18통으로 그 내용도 간단하게 요건만을 말한 것을 볼 수 있다.

　그러나 이 간찰첩이 원래의 전부라고 보는 것은 무리가 있다. 간찰에서 그립다는 인사말을 자주 한 것과 새해 달력 등을 보내주고 오산악 역시 홍봉한에게 전복, 해산물, 담배, 대구 등 물품을 보냈으며, 1766년 홍봉한의 계모 李氏의 상사에도 부의와 물품을 보낸 것으로[13] 보아 자주 편지를 왕래했을 가능성이 있다고 보인다. 이러한 여러 정황으로 미루어 남은 편지가 이렇게 적다는 것은 많은 시간이 흐르며 대다수가 산실되었을 가능성이 있다고 본다.

出守本縣時, 吳之翁, 以知府, 事我曾王考. 有當時帖子之書, 與厥後有書簡幾度, 至己酉, 先君子, 莅星州也, 吳述其先志, 粧出此帖, 使其胤永祿, 來乞顯跋于先君子, 亦有往復書幾度, 合藏于家, 以作傳家之資, 儘可貴矣.… 則昔之盈門塡堂者, 擧皆雨飄風散, 惟以大嶺外, 踈逖之人, 猶能不替舊誼, 如是之勤, 此誠有任安獨存之義也. …吳之胤永祿, 來訪於一善任所, 袖示此帖, 又請繼跋. … 亦知吳之爲門下故吏, …而吳之子子孫孫, 能体乃祖乃父之心, 勿墜旧日之誼, 則豈不美哉! 豈不休哉! 撥先君子顯意, 尾附勉旃之意. 정축년(丁丑年, 1817년), 二月, 一日 洪世周, 書于一善府堂.

12) '발문 21'에 의하면 홍봉한의 부친 홍현보에서부터 간찰의 내용이 시작되는 것을 알 수 있다.
13) '간찰 8'에 홍봉한의 계모인 李氏의 상사에 오산악이 부의와 종이와 초 등을 보낸 것을 알 수 있다.

또 한편으로 생각할 것은 통인 오산악과 홍봉한은 나이 차이가 상당하다는 것이다. 홍봉한의 부친인 홍현보(洪鉉輔)가 1721년 의성현령을 지내고 있을 때 홍봉한은 9살의 나이였으므로 훗날 오산악이 늙고 병들어 올 수 없게 되자 아들이나 동생을 대신 보낸 것으로도 그 사실을 추정할 수 있다.

1721년 9살의 홍봉한으로 시작하여 1753년 어영대장이 된 홍봉한까지 32년이라는 세월에 주고 받은 간찰이 한 통도 없다는 것은 여러 간찰에서 나타난 정서와 비교하면 선뜻 이해되지 않는 면이 있다. 이러한 여러 사실을 토대로 본다면 이 간찰첩의 원래 모습은 아마도 훨씬 많은 간찰들로 엮어져 있었을 것이지만 어떤 경로로 산실되고 다시 묶이면서 많은 변형이 있었을 것이라 판단된다.

IV

홍봉한 간찰첩을 통해 본 양반과 중인의 교류 양상

III. 홍봉한 간찰첩을 통해 본 양반과 중인의 교류 양상

다음은 간찰첩이 엮인 순서를 따라 양반인 홍봉한과 중인(中人)신분인 통인(通引) 간의 간찰 내용을 살펴보기로 한다.

통인으로 지내던 오산악은 주로 그 시대의 행정실무를 맡은 서리·향리 등이 공무에 관한 것을 상관에게 올린 자료인 고목(告目)을 통하여 자신이 맡은 일의 진행상황을 보고한 것으로 보인다.

고목(告目)이란 각 관사의 서리와 지방 관아의 아전이 자신의 상관에게 공적인 일을 알리는데 사용한 간단한 양식의 문서이다. 그러나 딱히 공적인 일을 알리는데만 사용한 것이 아니라 이 간찰들에서 보는 것과 같이 문안할 때도 고목의 양식을 사용하였다.

고목은 다양한 형식을 취하며 정형화된 형식을 취하지 않는 것으로 보인다. 자신의 상관에 대한 명칭은 영감(令監)·안전(案前) 등으로 다양하나 이 간찰에서는 발신자인 오산악 등이 홍봉한을 어떻게 호칭한지는 알 수가 없다. 그러나 홍봉한의 직책이 변화함에 따라 다양한 호칭이 되었을 것이라고는 보이지 않는다. 홍봉한이 어떤 직책이 되거나 그에게는 한결같은 상전이었으므로 거의 비슷한 호칭을 사용했을 것으로 보인다.

이 간찰에서도 볼 수 있듯이 고목을 통한 보고에 있어 자신이 맡고 있는 임무에 대한 진행상황의 보고나 기타 제반 사항에 대한 보고와 함께 상호간의 안부인사와 인사 청탁 등도 겸한 것으로 보인다.

다음 간찰들을 통하여 그 실상을 알아보기로 한다.

간찰 01

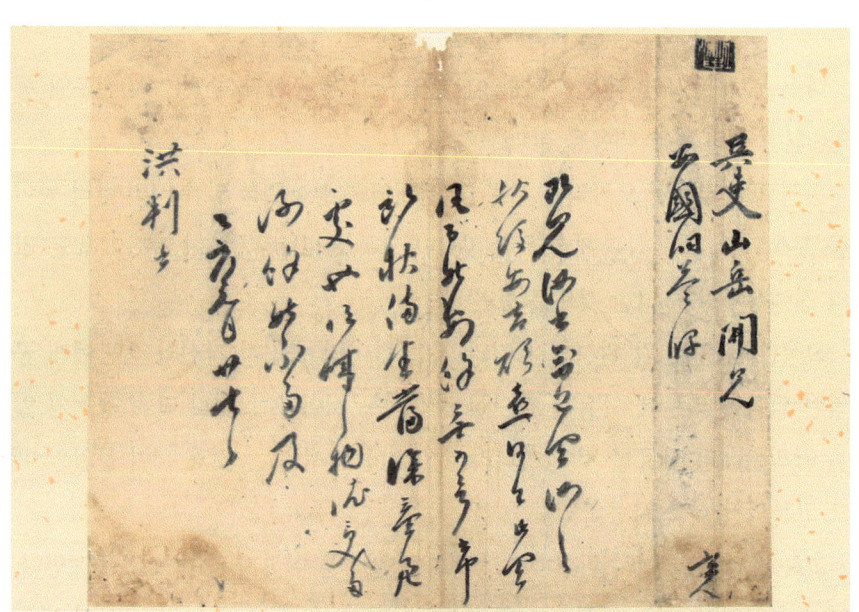

표점 標點

피봉

吳吏山岳開見 安國洞答牌

卽見汝書 知近間汝之服役安吉 欣慰何已 此間 凡百姑安 餘無可言. 書中所報 備悉 當深量善處也. 送來之物 依受多謝. 餘姑不多及.

乙亥(1755년) 六月 十七日 洪判書

번역

피봉
아전 오산악(吳山岳)이 뜯어보게.
안국동에서 답패(答牌)함

자네 편지를 보고서 요즈음 자네의 복역(服役)이 편했다는 것을 알고 나니 무척 기쁘고 위로되네. 이곳의 여러 상황도 그런대로 편안하니 나머지는 말할 것이 없네. 편지에 알린 것은 모두 잘 갖추어 동선(童善)과 논의해야 할 것들이네. 자네가 보내준 물건은 보낸대로 잘 받았네. 고맙네. 나머지는 이만 줄이고 많은 말을 하지 않네.

을해년(乙亥年, 1755년) 6월 27일에 홍판서가.

홍봉한이 오산악에게 위임한 일의 진행을 말하고 오산악이 홍봉한에게 구체적으로 밝히지는 않았으나 어떤 물건을 선물한 것을 알 수 있다. 1755년 6월 27일, 43세인 홍봉한은 병조판서를 역임하고 있었다. 주로 외부의 살림을 맡은 것으로 보이는 오산악이 홍봉한이 지시한 일의 상황을 보고한 것으로 보이고 구체적으로 밝히지는 않았으나 어떤 물건을 선물한 것을 알 수 있다. 오산악이 국가의 한 장정으로서 요역(徭役)이나 병역(兵役) 등의 공역(公役)에 동원되는 신분이라는 것을 알 수 있는데, 발문을 근거로 보면 홍봉한이 9살이던 때 이미 오산악이 통인역할을 하고 있었다는 것을 생각하면 홍봉한과 최소 10살 이상의 나이차이가 난다고 추정할 수 있다. 그렇다면 이 시점에 부역에 동원된 오산악은 최소 50대 초반 정도로 추정된다.

간찰 02

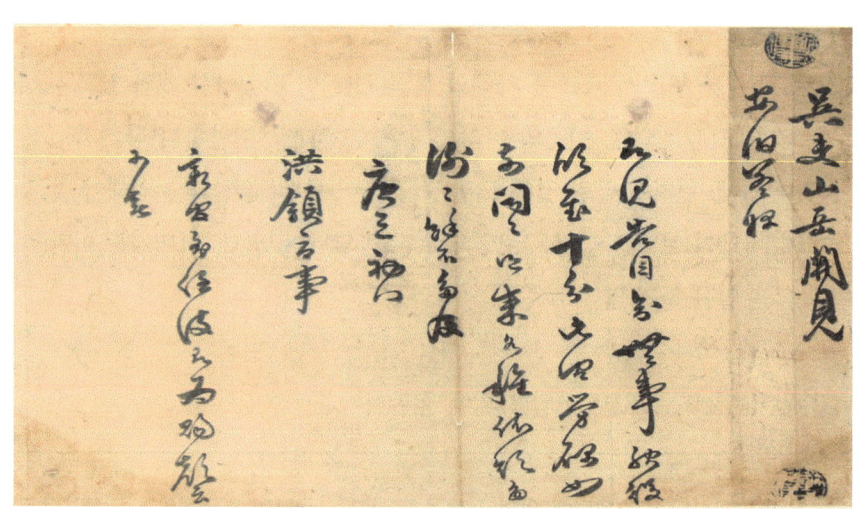

표점 標點

피봉

吳吏山岳開見

安洞答牌

卽見告目 知無事服役 欣慰十分. 此間勞碌如前 悶悶. 送來各種依領 多謝多謝. 餘不多及.

庚三初八 洪領府事

추신)

新官到任後 卽爲賜顔云 可喜.

번역

피봉
아전 오산악(吳山岳)이 뜯어 보게.
안국동에서 답패함

자네가 보낸 고목(告目)을 보고서 무사히 근무하고 있음을 알았으니 무척 기쁘고 위안이 되었네. 이곳은 여전히 자잘한 일들로 힘들고 분주하니 매우 딱하네. 보내온 여러 가지 물품은 잘 받았네. 고맙고 고맙네.
나머지는 이만 줄이네.

경인년(庚寅年, 1770년) 3월 8일에 홍 영부사(洪 領府事)

추신)
신관 사또가 부임한 뒤에 곧바로 자네를 불러서 만났다고 하여 기뻤네.

『승정원일기』에 의하면, 1770년 3월 8일, 이 시기에 홍봉한은 도제조(都提調)를 역임하고 있었다. 도제조는 조선시대에 중앙에 두었던 정1품의 겸임 관직의 하나이다. 간찰에는 또 다른 직책인 영부사(領府事)로 자신을 말하고 있다. 당시 영부사를 지내고 있던 홍봉한이 오산악을 위해 신관 사또에게 부탁한 일이 있다는 것을 알 수 있다. 다른 간찰에서도 알 수 있듯이 홍봉한이 오산악이나 그와 그의 일가를 위해 일을 주선하거나 청탁을 들어주었다는 것을 알 수 있고 또 오산악 역시 홍봉한이 추진하거나 뜻을 둔 여러 가지 일들에 대하여 상호 협조한 정황을 추측할 수 있다.

간찰 03

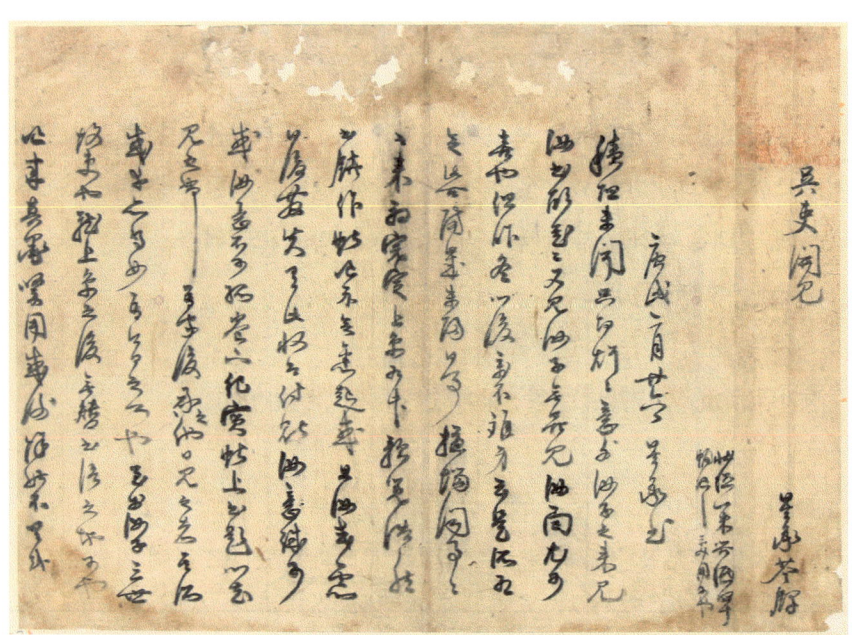

표점 標點

피봉

吳吏開見 星衙答牌

積阻未聞 只切耿耿 意外汝子之來 見汝書 欣慰欣慰. 又見汝子 無異見汝面 尤可喜也. 但昨冬以後 病不離身云 是所爲念. 此間隔歲未歸 日事擾惱 悶事悶事. 而來初完定上京爲計 預覺浩然. 書牘作帖送示 欲悉起感. 且汝或慮以後散失 有此收而付貼 汝意誠可感 汝意不可孤. 卷下紀實 帖上書題以去 見之如何. 吾家後承之他日見之者 其所感幸 亦當如吾今日之心也. 至於汝子 三世故吏也 就上京之後 無替書信之地可也. 送來眞墨 緊用感謝. 餘姑不具式.

庚戌(1790년), 二月, 卄六日. 星衙 書(당시 星州牧使를 지낸 洪守榮, 1789년에 성주목사로 부임)

추신)

壯紙一束 簡紙四十幅送之 受用可也.

번역

피봉
오리(忤吏)가 뜯어보게
성주(星州) 관아에서 보내는 답패(答牌)[14]

오랫동안 소식을 듣지 못하여 그리움이 절절하더니 뜻밖에 자네 아들이 와서 자네가 보낸 편지를 보니 매우 기쁘고 위안이 되었네. 또 자네 아들을 보니 자네 얼굴을 보는 것과 다름이 없어서 더욱 기뻤다네. 다만 지난겨울 이후 몸에서 병이 떠나지 않는다고 하니 이것이 염려스럽네. 나는 한 해가 바뀌어도 귀가하지 못한 채 날마다 업무에 시달리니 매우 고민스럽네. 다음 달 초에 아주 상경할 예정인데, 미리부터 마음이 시원해지네. 편지를 첩帖으로 만들어 보내온 것을 보고 무척 고마웠네. 게다가 자네가 나중에 흩어져 없어질 것을 염려하여 이렇게 거두어 붙였으니, 자네 뜻이 정말 고맙고 자네 성의를 저버릴 수 없네. 간찰첩 아래에 사실을 쓰고 위에 제목을 써서 보내니 살펴봄이 어떻겠는가.

우리 집안의 후손들이 뒷날 이 간찰첩을 본다면 그 감격스럽고 다행스러움이 또한 마땅히 내가 오늘 느끼는 마음과 같을 것일세. 더군다나 자네 아들은 삼세(三世)에 걸친 아전이니, 비록 내가 상경한 뒤에라도 계속하여 편지하는 것이 좋을 것일세. 보내준 참먹은 긴요하게 쓸 것이니 고맙네.
나머지는 우선 이만 줄이네.

---

14) 답패(答牌) : 아랫사람이 올린 고목(告目) 등에 대하여 윗사람이 쓰는 답장이다. 패지(牌旨), 패자(牌子), 답장(答狀).

경술년(庚戌年, 1790년), 2월 26일에 성주(星州) 관아에서 편지함.

추신)
장지(壯紙) 한 묶음과 편지지 40폭을 보내니 받아서 쓰는 게 좋을 것일세.

이 간찰은 '발문 20번'과 '발문 21번'과 함께 간찰을 첩으로 만든 편찬 경위와 소장처[15] 등을 알 수 있는 내용이다. 1790년 2월 26일, 홍봉한의 손자 홍수영(洪守榮, ?~1798)은 이 시기에 성주목사(星州牧使)를 지내고 있었다. 홍수영은 조선후기의 문신으로 증조부는 홍현보(洪鉉輔)이고, 조부는 홍봉한(洪鳳漢)이며, 부친은 홍낙인(洪樂仁)이다. 혜경궁 홍씨가 고모이고 사도세자가 고모부이다. 음직으로 참봉(參奉), 신계현령(新溪縣令), 순창군수(淳昌郡守) 등을 역임하였다. 1798년 정조 22년에 생을 마감했을 때도 조정으로부터 대우를 받아 후한 장례를 치렀다.

---

15) 발문을 근거로 하면 이 간찰첩의 소장처는 오씨 집안이다. 그러나 현재는 필자가 **주) 코베이 옥션**에서 근무하고 있는 김승만 박사를 통하여 **주) 태인**의 이상현 회장이 소유하고 있다는 것을 알았다. 이상현 회장은 조선시대 대표적인 역관가문 가운데 하나인 전주이씨(全州李氏) 장천군파(長川君派) 삼양부정가(三陽副正家)의 후손이다. 장천군은 조선의 제2대 왕인 정종(定宗)의 13번째 아들로 장천군파의 시조가 되며 이름은 이보생(李普生, 1403. 2. 13~1465. 3. 15)이다. 이상의 내용은 한국학중앙연구원 장서각에서 2016년에 펴낸 『명가의 고문서』10, 「조선의 스페셜리스트, 전주이씨 장천군파 삼양부정 후손가」를 근거하였다. 이 책에 소개된 여러 고증자료들을 통하여 중인(中人)이 조선시대 실무행정가로서 조선시대의 사회상에 큰 역할을 한 것을 알 수 있어 중인에 많은 관심을 가지고 있는 이상현 회장이 이 간찰첩을 소유하게 된 것으로 생각된다. 필자도 현재 이 간찰첩의 소유자인 이상현 회장을 방문하여 작업하게 되었다

간찰 04

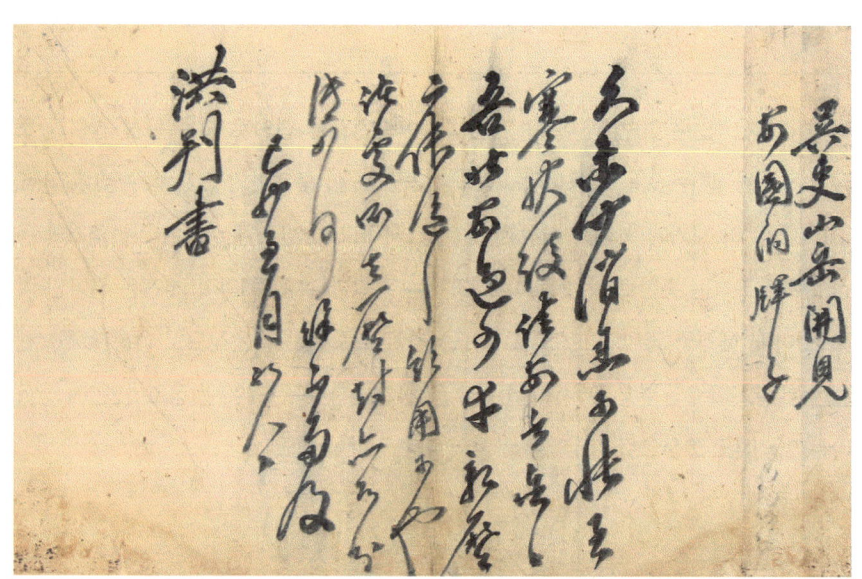

표점標點

피봉

吳吏山岳開見

安國洞牌子

久未聞消息 可悵. 至寒服役 佳安否 戀戀. 吾姑安過 可幸. 新曆二件送之 領用可也. 諸處所去曆封 亦卽分傳如何 餘不多及.

己卯, 至月, 初八日, 洪判書

| 번역

피봉
아전 오산악(吳山岳)이 뜯어보게
안국동 패자(牌子)

오랫동안 소식을 듣지 못하여 섭섭하네. 동짓달 추위에 근무는 잘하고 있는가. 그립고 그립네. 나는 그런대로 편안히 지내니 다행일세.
새해 달력 두 부를 보내니 받아서 사용하게. 이곳저곳에 보내는 밀봉한 달력도 받는 즉시 나누어 전하는 게 어떻겠는가.
나머지는 이만 줄이네.

기묘년(1759년) 11월 8일에 홍 판서(洪 判書)

1759년 11월 8일, 이 시기에 홍봉한은 선혜청당상(宣惠廳堂上)을 역임하고 있었다. 같은 해 2월에 호조판서에 임명되어 간찰에는 판서라고 자신을 명명한 것으로 보인다. 홍봉한이 동짓달에 여러 곳에 달력을 선물하고 자신의 아전인 오산악에게도 달력 두 부를 선물한 것을 알 수 있다.

간찰 05

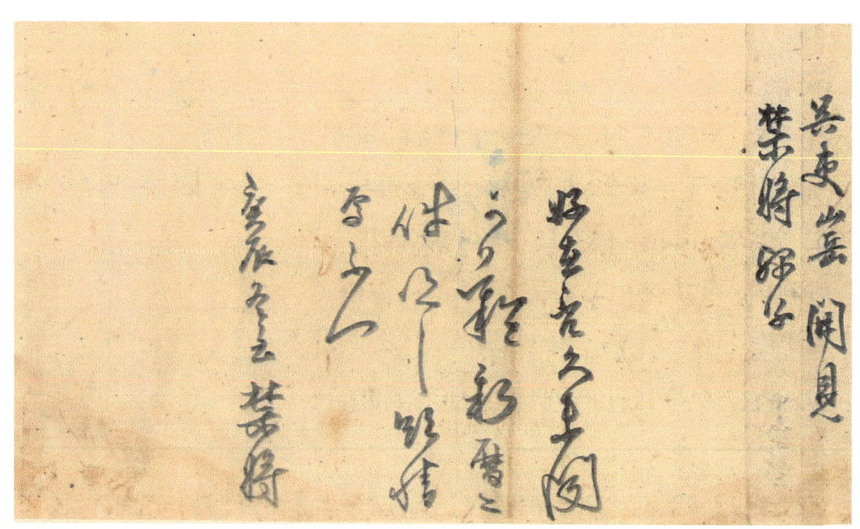

표점 標點

피봉

吳吏山岳開見

禁將牌子

好在否 久未聞可歎. 新曆二件送之 領情焉. 不一.
庚辰冬至. 禁將

| 번역

피봉
아전 오산악(吳山岳)이 뜯어보게.
금위대장(禁衛大將) 패자(牌子)

잘 지내는가? 오랫동안 소식을 듣지 못해 한탄스럽네. 새해 달력 두 부를 보내니 정으로 받아 두게. 이만 줄이네.

경진년(1760년) 동짓날에 금위대장禁衛大將.

1760년 동짓날, 이 시기의 홍봉한은 시관좌참찬(試官左參贊)을 역임하고 있었으며 두 달 전인 9월에 금위대장이 되었다. 홍봉한이 오산악의 안부를 묻고 달력 두 부를 선물하였다.

간찰 06

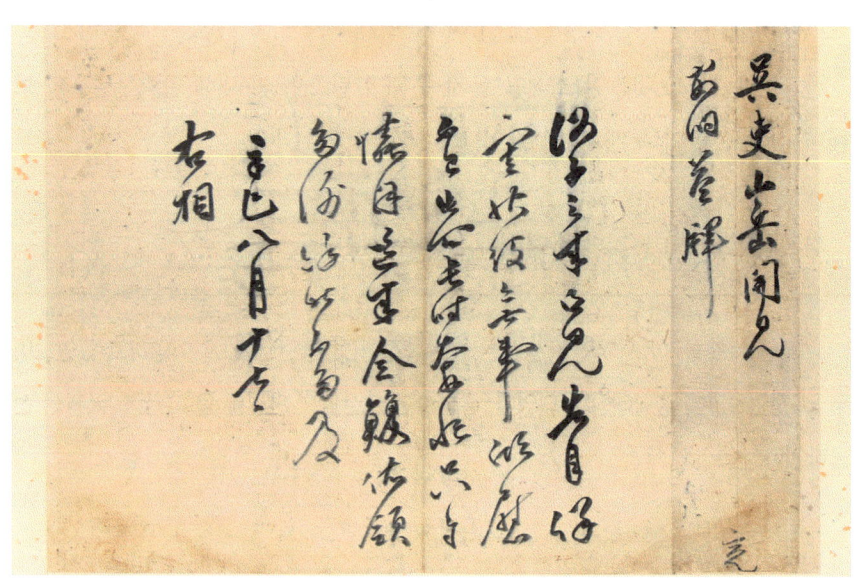

표점 標點

피봉

吳吏山岳開見

安洞答牌

汝子之來 得見告目 詳審服役無事 欣慰不已. 此間長時奔忙 只自憐悶. 送來全鰒 依領多謝. 餘姑不多及.

辛巳(1761년) 八月, 十七日. 右相

번역

피봉
아전 오산악(吳山岳)이 뜯어보게.
안국동(安國洞) 답패(答牌)

자네 아들이 와서 고목(告目)을 보았는데, 무사히 근무하고 있음을 상세히 알았으니 기쁨과 위안이 그지없네. 나는 오랜 시간 동안 분주하고 바빠서 스스로 가련하고 민망하네. 자네가 보낸 전복은 잘 받았고 매우 고맙네.
나머지는 우선 이만 줄이네.

신사년(1761년), 8월 17일에 우의정(右議政)이.

1761년 8월 17일, 우의정과 약방도제조(藥房都提調)를 겸임하고 있던 홍봉한이 보낸 간찰이다. 아전으로 있던 오산악이 홍봉한에게 전복을 선물하였다. 오산악은 자신을 대신하여 아들인 오재성을 보내어 홍봉한에게 고목(告目)을 보고하였다. 간찰첩의 여러 내용을 근거하고 복무(服務)를 하고 있던 것으로 미루어 60세가 채 되지 않은 50대 후반으로 추정된다.

간찰 07

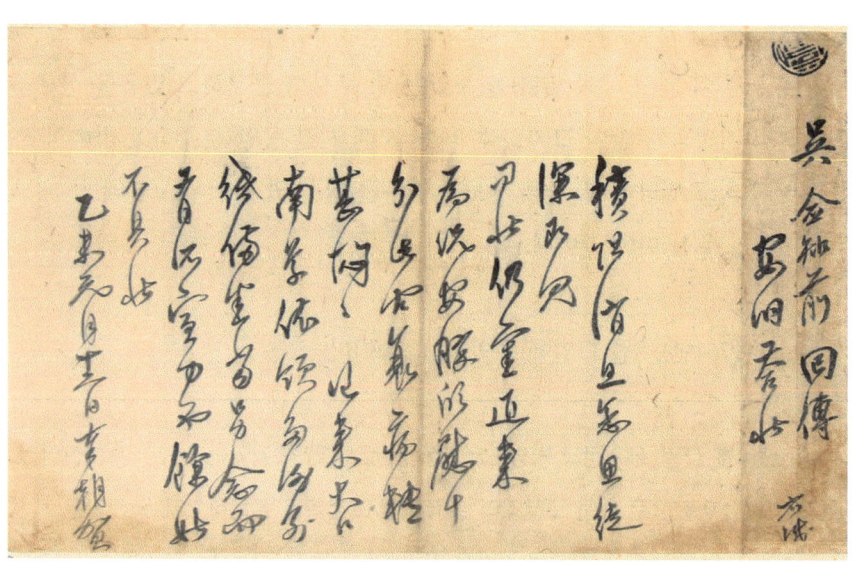

표점 標點

피봉

吳僉知前回傳

安洞答狀 省緘

積阻消息 戀思徒深 卽見問狀 仍審近來爲況安勝 欣慰十分. 此間衰病轉甚 悶悶. 送來大口南草依領多謝. 別紙備悉 當另念而有所宣力也. 餘姑不具狀.

乙未(1775년), 元月, 十二日. 奉朝賀

번역

피봉
오첨지(吳僉知)전에 회답함
안국동(安國洞)에서 답장함　　봉함을 생략함.

오랫동안 소식이 막혀 그리움만 깊어졌는데, 오늘 자네 편지를 받아보고서 요즈음 편히 잘 지낸다는 것을 알고 나니 몹시 기쁘고 위로가 되었네. 나는 늙고 쇠약해져 든 병이 점점 심해지니 무척 고민스럽네. 보내온 대구(大口)와 담배는 보낸대로 잘 도착하였네. 고맙네. 별지의 내용은 두루 잘 알았는데, 마땅히 특별히 유념하여 힘써야 할 것이네.
나머지는 이만 줄이네.

을미년(1775년) 1월 12일에 봉조하(奉朝賀)가

1755년 1월 12일, 봉조하(奉朝賀)가 된 홍봉한에게 대구와 담배를 보냈다. 봉조하는 조선시대에 공신이나 공신의 적장(嫡長), 그리고 동반과 서반의 당상관 등이 벼슬에서 물러난 후에 임명되는 관직이다. 실제적인 직분은 없고 다만 설날이나 동짓날, 임금이나 왕실의 생일 등 하례식에 참석하고 재직시의 품계에 따라 소정의 녹봉이 지급되었다. 이 간찰에서 수신인은 '아전 오산악' 대신에 '오첨지'로 호칭한 것을 볼 수 있다. 호칭의 변화를 근거하면 홍봉한보다 나이가 많은 오산악은 이미 노쇠하여 일을 보는 것이 무리가 있거나 다른 이유가 있었을 가능성이 있다. 이에 오산악은 자신을 대신하여 아들을 보낸 것으로 보인다. 오산악을 이어 홍씨 집안의 아전을 맡은 오산악의 아들 오재성(吳載成)을 오산악과는 다른 칭호로 '오첨지'로 쓴 것이거나 또는 오재성의 아들인 오영우(吳永祐)를 지칭한 것으로 보인다.

간찰 08

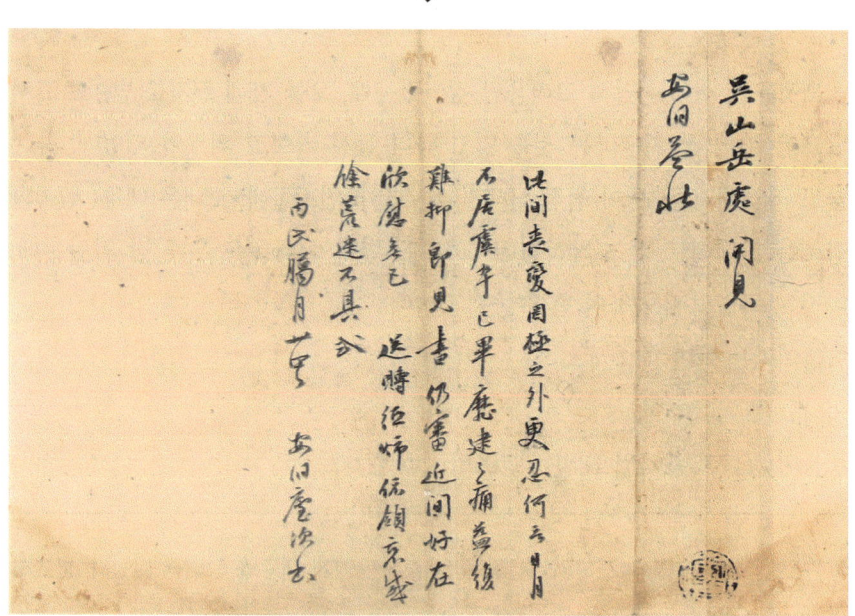

표점標點

피봉

吳山岳處開見. 安洞答狀

此間喪變 罔極之外 更忍何言 日月不居 虞卒已畢 靡逮之痛 益復難抑. 卽見書 仍審近間好在 欣慰無已. 送贐紙燭 依領哀感. 餘荒迷不具式.

丙戌(1766년) 臘月 十四日 安洞 廬次 書

번역

피봉
오산악(吳山岳)이 뜯어보게
안국동(安國洞)에서 답장함

내가 당한 상사(喪事)는[16] 망극할 뿐, 차마 무슨 말을 또 하겠는가, 세월은 기다려 주지않아 삼우제(三虞祭)와 졸곡(卒哭)을 이미 마쳤는데, 따라서 죽지 못한 슬픔은 갈수록 더욱 누르기 어렵네.

오늘 자네 편지를 보고서 요즈음 잘 지낸다는 것을 알고 나니 기쁨과 위안이 그지없네. 보내온 부의와 종이와 초는 잘 받았고, 슬픔속에서도 고마웠네. 나머지는 황미(荒迷)[17]하여 이만 줄이네.

병술년(1766년) 12월 24일에
안국동安國洞 여막(廬幕)에서 쓰네.

1766년 12월 24일, 이 시기에 홍봉한은 전 영의정(前 領議政)으로 자신을 말하고 있다. 이 간찰 역시 두 집안의 정의(情誼)를 확인할 수 있는 자료로 1766년 9월 홍봉한의 계모인 이씨의 상사(喪事)에도 오산악이 부의와 종이와 초를 보냈다.

---

16) 이때의 상사는 홍봉한의 계모 李氏의 상이다. 상을 지내기 위해 홍봉한은 1766년 9월에 관직에서 물러났다가 1768년 11월에 복귀하였다.
17) 황미(荒迷) : 상중(喪中)이라 마음이 애통하고 정신이 혼미하여 조리 있게 쓰지 못한다는 뜻으로 황미불차(荒迷不次)의 준말이다.

간찰 09

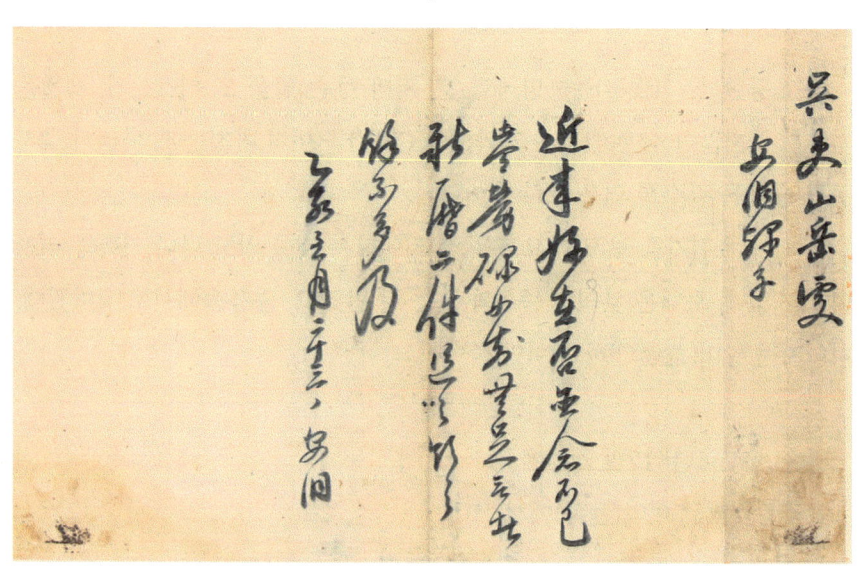

표점標點

피봉

吳吏山岳處

安洞牌子

近來好在否 戀念不已. 此間勞碌如前 無足言者. 新曆二件送之 領之. 餘不多及.
乙亥(1755년) 至月 二十三日 安洞

번역

피봉

아전 오산악(吳山岳)에게

안국동 패자(牌子)

요즈음 잘 지내는가? 그리움과 염려가 그치지 않네.

나는 여전히 바쁘고 고달파 말할 만한 게 없네. 새해 달력 두 부를 보내니, 받아 두게. 나머지는 이만 줄이네.

을해년(1755년) 11월 23일에 안국동安國洞

1755년 11월 23일, 이 시기에 홍봉한은 병조판서를 역임하고 있었다.

오산악에게 홍봉한이 새해 달력 두 부를 보냈다.

간찰 10

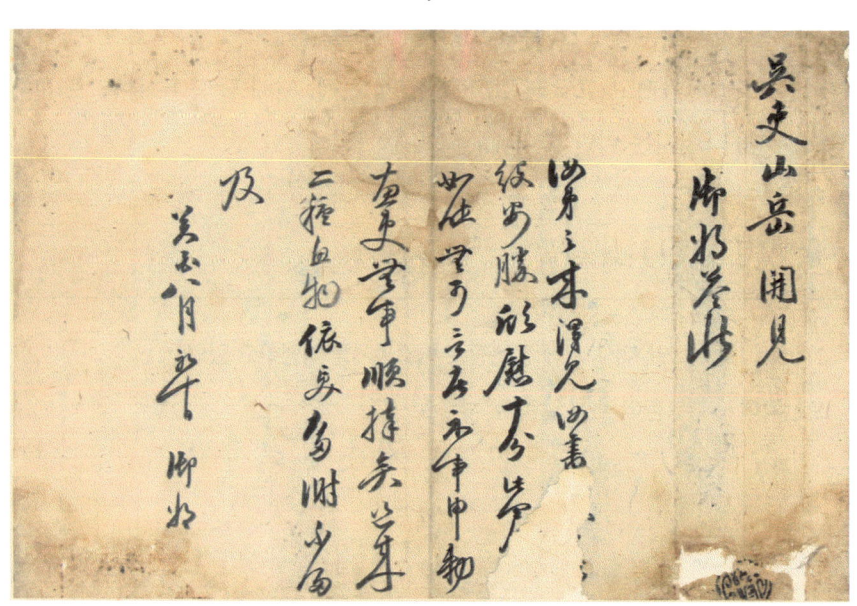

표점標點

피봉

吳吏山岳開見

御將答狀

汝弟之來 得見汝書 仍審服役安勝 欣慰十分. 此間勞碌如昨 無可言者. 示事 申飭惠吏 無事順捧矣. 送來二種魚物 依受多謝. 不多及.

癸酉(1753년) 八月 初十日 御將

번역

피봉
아전 오산악(吳山岳)이 뜯어보게
어영대장(御營大將)이 답장함

자네 아우가 와서 자네의 편지를 보고서 편안히 근무하고 있음을 알았으니, 무척 기쁘고 위안이 되었네. 나는 여전히 바쁘고 고달파 말할 만한 게 없네. 말한 일은 선혜청(宣惠廳) 아전을 단단히 타일러서 순리대로 무사히 봉납(捧納)했네. 보내온 두 종류의 해산물은 잘 받았고, 무척 고맙네.
이만 줄이네.

계유년(1753년) 8월 10일에 어영대장(御營大將)

1753년 8월 10일, 당시 어영대장(御營大將)을 지내고 있던 홍봉한에게 오산악이 그의 아우를 보내어 자신의 업무를 대신 보고하였다. 선혜청 등에 얽힌 아전으로서의 임무를 보고하였고 선물로 받은 두 종류의 해산물도 언급하였다.

간찰 11

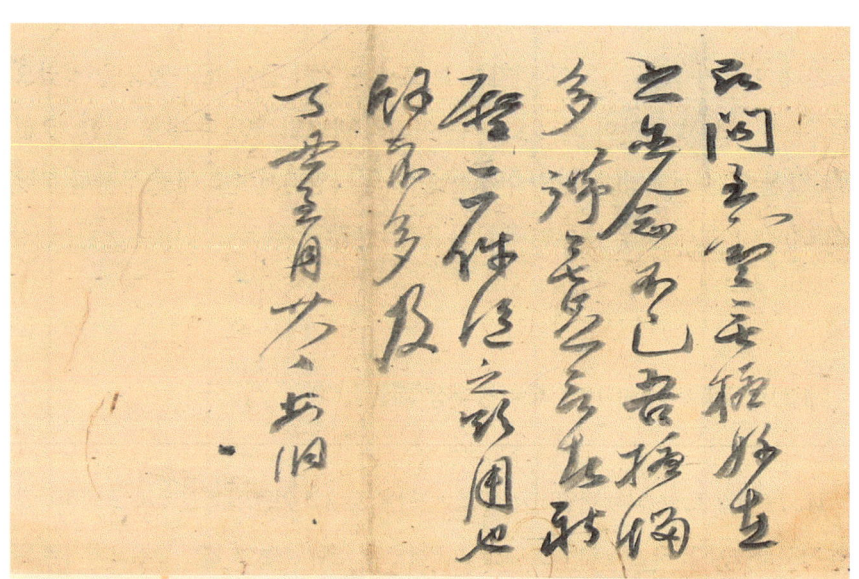

▎표점標點

피봉

卽問至寒 無擾好在否 戀念不已. 吾擾惱多端 無足言者. 新曆二件送之 領用也. 餘不多及.

丁丑(1757) 至月 卄八日 安洞

> 번역

피봉

동짓달 추위에 어려움 없이 잘 있는가? 그리움과 염려가 끊이지 않네. 나는 여러 가지로 성가시고 귀찮아 달리 말할 게 없네. 새해 달력 두 부를 보내니 받아서 쓰게.
나머지는 이만 줄이네.

정축년(1757년) 11월 28일에 안국동(安國洞)

1757년 11월 28일 당시 좌참찬(左參贊)을 지내고 있던 홍봉한이 오산악에 대한 그리움과 염려가 끊이지 않음을 말하고 자신의 처지를 말하였다.

간찰 12

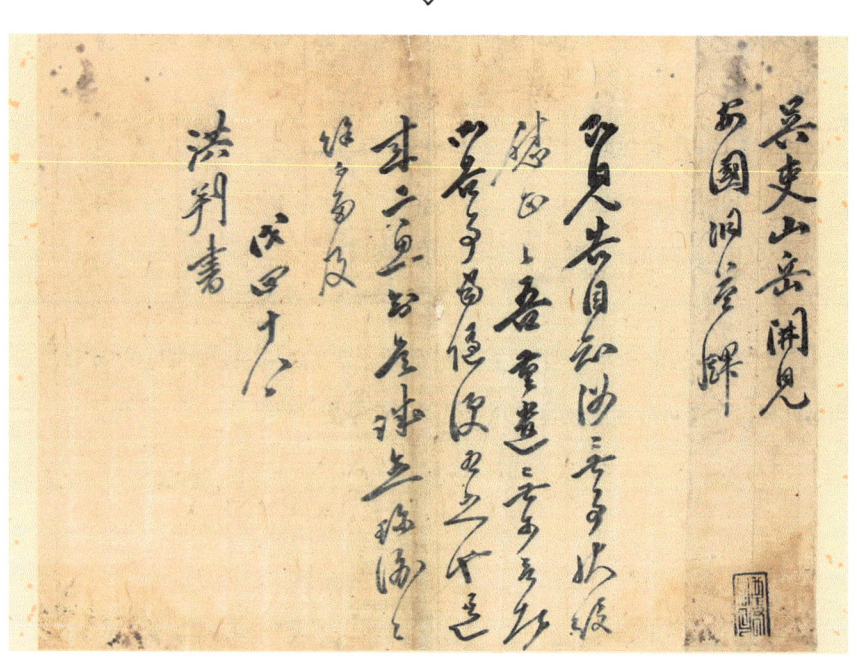

표점 標點

피봉

吳吏山岳開見

安國洞答牌

卽見告目 知汝無事服役 慰甚慰甚. 吾堇遣無可言者. 所告事當隨便爲之也. 送來二魚 知是誠念 珍謝珍謝. 餘不多及. 戊四十八日 洪判書

번역

피봉
아전 오산악(吳山岳)이 뜯어보게
안국동安國洞 답패(答牌)

지금 고목(告目)을 보고 자네가 무사히 근무함을 알았으니, 매우 위안이 되네. 나는 근근이 지내고 있으니 말할 만한 것도 없네.
보고한 일은 마땅히 편리한 대로 하게. 보내온 물고기 두 마리는 정성임을 알았으니 무척 고마웠네. 나머지는 이만 줄이네.

무인년(1758년) 4월 18일에 홍판서(洪判書)

1758년 4월 18일, 공조판서(工曹判書)를 역임하고 있던 홍봉한이 오산악이 아전으로서 보고한 일에 대하여 대답하였다.
오산악이 물고기 두 마리를 보냈다는 말을 하였다.

간찰 13

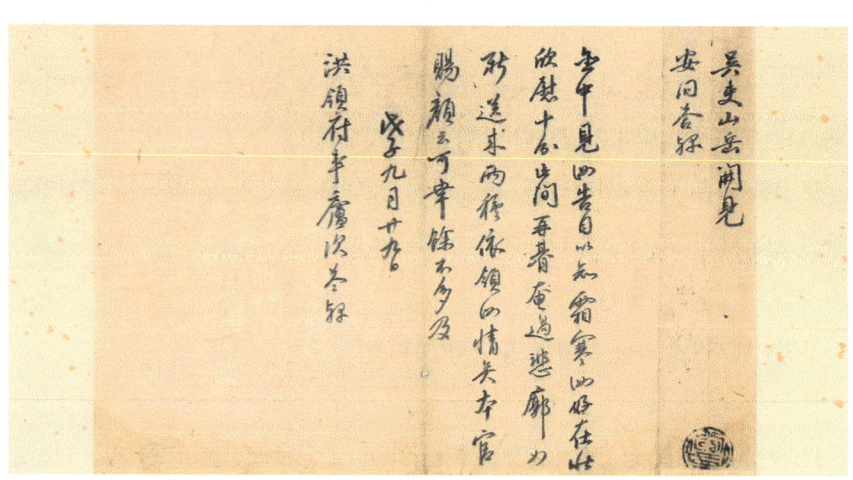

표점 標點

피봉

吳吏山岳開見.

安洞答牌

戀中見汝告目 以知霜寒 汝好在狀 欣慰十分. 此間再朞奄過[18] 悲廓如新. 送來兩種 依領汝情矣. 本官賜顏云 可幸. 餘不多及.

戊子(1768) 九月 卄九日 洪領府事 盧次 答牌

---

18) 1766년(영조42) 9월 홍봉한은 계모 이씨의 상을 치르기 위해 관직에서 물러났다가 1768년 11월에 영의정으로 복귀한다.

번역

피봉
아전 오산악(吳山岳)이 뜯어보게
안국동(安國洞) 답패(答牌)

그리워하던 중에 자네가 보낸 고목(告目)을 보고, 서리 내리는 추위에도 자네가 잘 지내는 상황을 알았으니 기쁨과 위안이 그지없네.

나는 상을 당한 지 어느덧 두 해가 지났지만, 비통하고 허전한 심정은 마치 상을 처음 당했을 때처럼 새로워지네.

보내온 두 가지 물품은 잘 받았으니 자네 인정일세. 본관 사또를 만났다고 하니 다행일세. 나머지는 이만 줄이네.

무자년(1768년) 9월 29일에
홍영부사(洪領府事)가 여막(廬幕)에서 답패함

이 간찰이 쓰인 때는 홍봉한이 계모 이씨의 상을 치르는 중이다. 약 한 달 후에 홍봉한은 영의정으로 복귀한다. 한편 홍봉한은 1766년 9월 계모 이씨의 상을 당하여 관직에서 물러났다가 1768년 상기를 마치고 돌아오게 된다. 홍봉한이 떠나 있던 이 시간 동안 영조의 계비인 정순왕후(貞純王后)의 외척이던 경주 김씨와 정후겸(鄭厚謙, 1749~1776) 일파가 활동하면서 홍봉한에 대한 논란이 본격화된다.

정후겸의 본관은 연일(延日), 자는 백익(伯益)이다. 원래 서인(庶人)출신이나 영조의 서녀(庶女)인 화완옹주의 양자가 되면서 궁중에 출입하기 시작하였다. 성격이 교활하였으며 당시 세도가였던 홍인한(洪麟漢)과 함께 국정을 좌우하였다. 1775년 당시 세손(훗날 정조)을 모해하는데 앞장섰다. 정조가 즉위하고 공론에 의거하여 사사되었다.

간찰 14

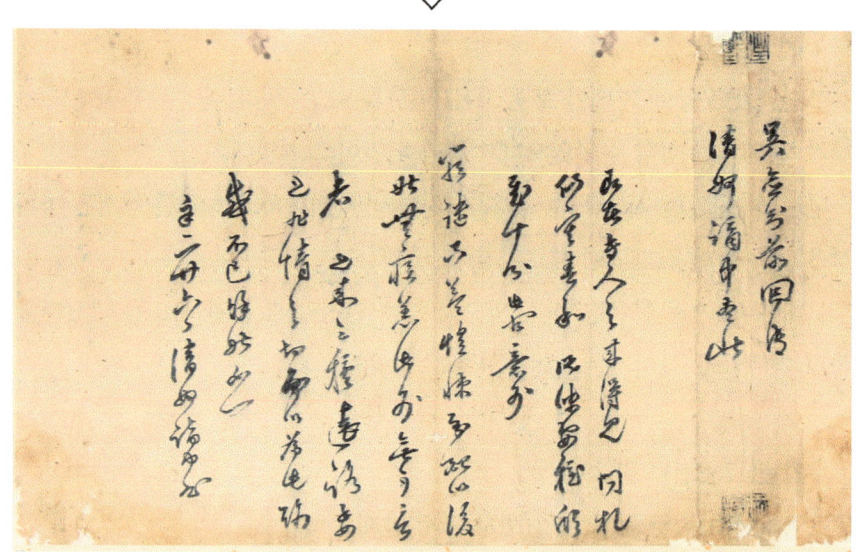

표점 標點

피봉

吳僉知前回傳. 淸州謫中[19]答狀

卽者專人之來 得見問札 仍審春和 況味安穩 欣慰十分. 此間 意外嚴譴 只益惶悚. 到配以後 姑無疾恙 此外無可言者. 送來三種 遠路委送 非情之切 何以爲此 珍感不已. 餘姑不一

辛二廿六日 淸州 謫中 書

---

19) 홍봉한의 청주 부처에 대한 내용은 각주 4번 참조.

번역

피봉
오첨지(吳僉知)전에 회답
청주(淸州) 귀양지에서 답장함

오늘 일부러 보낸 심부름꾼이 와서 안부 편지를 보았고, 이어서 따뜻한 봄날에 편안히 지내는 것을 알았으니 기쁨과 위안이 그지없네. 나는 뜻밖에 엄중한 견책을 받아서 오직 황공할 뿐일세. 귀양지에 도착한 뒤로 우선은 아픈 데가 없으니, 이것 외에는 말할 만한 것이 없네. 보내온 세 가지 물품은 먼 길에 일부러 보낸 것이니, 절절한 정이 아니면 어떻게 이렇게 하겠는가. 고맙기 그지없네. 나머지는 이만 줄이네.

신묘년(1771년) 2월 26일에, 청주(淸州) 귀양지에서 쓰다.

1771년 2월 26일, 이 시기에 홍봉한은 서용(敍用)에서 배제되는 불서지전(不敍之典)에 처해 있었다. 당시 정국은 홍봉한에 대한 조정 관료들의 많은 의견과 분규가 대립하고 있었다. 이 간찰이 쓰인 바로 다음 날인 1771년 2월 27일의 『承政院日記』에도 정언(正言) 이창임(李昌任)이 상소를 올려 홍봉한에 대한 부처의 명을 거둔 것에 대한 이견을 말하고 있다. '…正言李昌任 疏曰, 伏以臣於罪人洪鳳漢付處還寢之敎, 竊有區區未敢曉者…', 『英祖實錄』에 의하면 영조 47년 1771년 2월 9일 홍봉한을 청주(淸州)로 부처(付處)할 것을 명하고 곧바로 2월 11일에 부처의 명을 철회하였으나 여러 정치적 의견이 대립하는 가운데 며칠 더 청주 귀양지에 머물고 다시 과천 촌사(村舍)로 옮겼다가, 4월에 마포의 둘째 아들 홍낙신(洪樂信)의 집에서 임시로 거처하다가 6월에야 임금의 부름을 받고 입시(入侍)하였다.

간찰 15

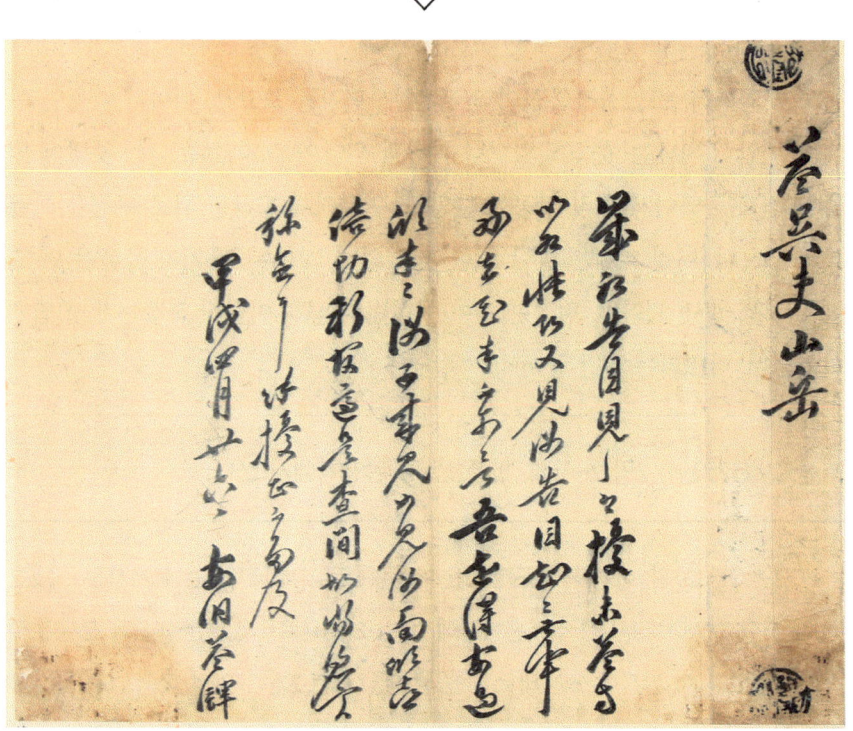

표점 標點

피봉

答吳吏山岳

歲初告目見之 而擾未答 自以爲悵. 卽又見汝告目 知無事好在 慰幸不可言. 吾連得安過

欣幸欣幸. 汝子來見 如見汝面 欣喜倍切. 新官適是査問 故當着實稱念耳. 餘擾甚 不多及.

甲戌(1754)四月卄六日 安洞 答牌

번역

피봉
아전 오산악(吳山岳)에게 답장함

새해 초에 고목(告目)을 보았으나 소란스러워 답장하지 못하여 지금도 서글프네. 오늘 또 자네가 보낸 고목을 보고서 무사히 잘 지낸다는 것을 알았으니, 위안과 다행스러움을 말로 할 수 없네. 나는 줄곧 편안히 지내고 있으니 무척 기쁘고 다행스럽네. 자네 아들이 보러 오니 마치 자네 얼굴을 보는 듯하여 기쁨이 갑절이나 절절하네. 신관 사또가 마침 나와 사돈간이니 마땅히 착실하게 신경 써 줄 것일세.

나머지는 너무 소란스러워 이만 줄이네.

갑술년(1754년) 4월 26일
안국동(安國洞) 답패(答牌)

1754년 4월 26일, 이 시기에 홍봉한은 사역제조(司譯提調)를 역임하고 있었다. 통인 오산악이 고목(告目)을 통하여 자신이 맡은 일을 홍봉한에게 계속 보고한 것을 알 수 있고, 오산악의 아들인 오재성이 이때 이미 홍봉한을 방문하는등 친밀한 관계를 형성한 것을 짐작할 수 있다. 홍봉한이 통인 오산악을 위해 사돈인 신관사또에게 부탁하여 어떤 청탁을 한 정황을 짐작하게 한다. 이때의 청탁은 이미 50대 중반기로 추정되는 오산악을 위한 청탁이라기 보다는 그의 아들 오재성을 위한 청탁일 확률이 높다.

홍봉한이 말한 '…신관사또가 마침 나와 사돈간이니…' 라는 말은 홍봉한의 자손 4남 2녀 가운데 둘째 아들인 홍낙신(洪樂信, 1739~1796)의 장인 조명정(趙明鼎,

1709~1779)을 말하는 것으로 보인다. 조명정은 영조 30년인 1754년 2월 25일에 충청도 관찰사에 제수되었다. 이 간찰이 쓰인 1754년 4월 26일을 기준으로 하면 두 달 정도 전에 제수된 것이다.

한편, 홍봉한의 첫째 아들인 홍낙인의 장인은 민형수(閔亨洙, 1690~1741), 셋째 아들 홍낙임(洪樂任, 1741~1801)의 장인은 조명건(趙明健, 1708~?), 넷째 아들인 홍낙륜(洪樂倫)의 장인은 김지묵(金持默, 1725~1799)이며, 혜경궁 홍씨의 여동생은 이상로(李商輅, 1720~?) 집안의 며느리가 되었다. 다른 사돈들 모두 시대가 맞지 않거나 감사(監司)에 제수된 이력이 보이지 않는다.

간찰 16

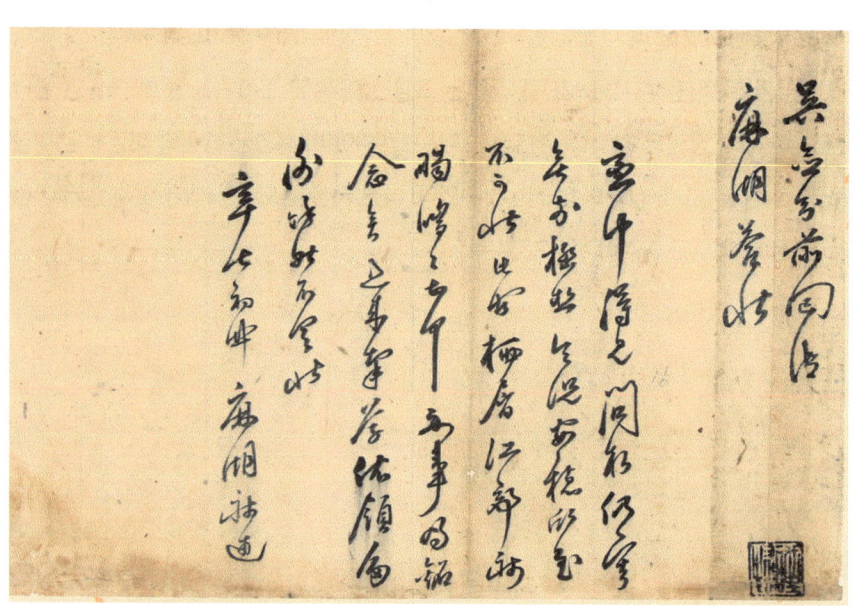

표점 標點

<피봉>

吳僉知前回傳

麻湖答狀

戀中得見問札 仍審無前極熱 令況安穩 欣慰不可狀 此間棲屑江郊 病喝喘喘 奈何 示事當銘念矣 送來南草 依領多謝 餘姑不具狀

辛七初四 麻湖 病逋

번역

오 첨지(吳僉知) 전에 회답함
마호(麻湖)에서 답장함

그리워하던 중에 안부를 묻는 편지를 보았고, 이어서 전에 없던 극심한 더위에도 평온하게 지냄을 알았으니, 기쁨과 위안을 형용할 수 없네.

나는 강가에서 떠돌다가 더위를 먹어 헐떡이고 있지만 어떻게 하겠는가. 말한 일은 꼭 마음에 새길 것일세. 보내온 담배는 잘 받았고 무척 고맙네. 나머지는 우선 이만 줄이네.

신묘년(1771) 7월 4일에
마호(麻湖)에서 병든 포객(逋客)20).

1771년 7월 4일, 이 간찰을 쓰기 사흘 전인 1771년 7월 1일, 홍봉한은 봉조하(奉朝賀)로서 입시하여 여러 신하들과 더불어 영조의 건강상태에 대해 말하고 있다. 1771년 2월에 사도세자의 아들인 恩彦君과 恩信君은 삭탈관직을 당하고 제주로 유배 가고 홍봉한은 이들에게 輻軒을 빌려준 것이 빌미가 되어 잠시나마 청주에 부처되었다가 사면되어 과천 촌사에서 머물렀다. 다시 4월에는 마포에 있는 둘째 아들 洪樂信의 집에 임시로 거처하였으며, 6월에 임금의 부름을 받아 入侍하게 된다.

---

20) 포객(逋客) : 도망간 은사(隱士)를 말한다. 남제(南齊) 때의 주옹(周顒)이 북산(北山)에 은거하다가 뒤에 벼슬길에 나가자, 그의 친구 공치규(孔稚圭)가 그를 풍자하여 지은 「북산이문(北山移文)」에서 "속된 선비는 수레를 돌릴지어다, 북산의 정령을 위하여 도망간 나그네를 사절하노라[請廻俗士駕 爲君謝逋客]."라고 하였다.

간찰 17

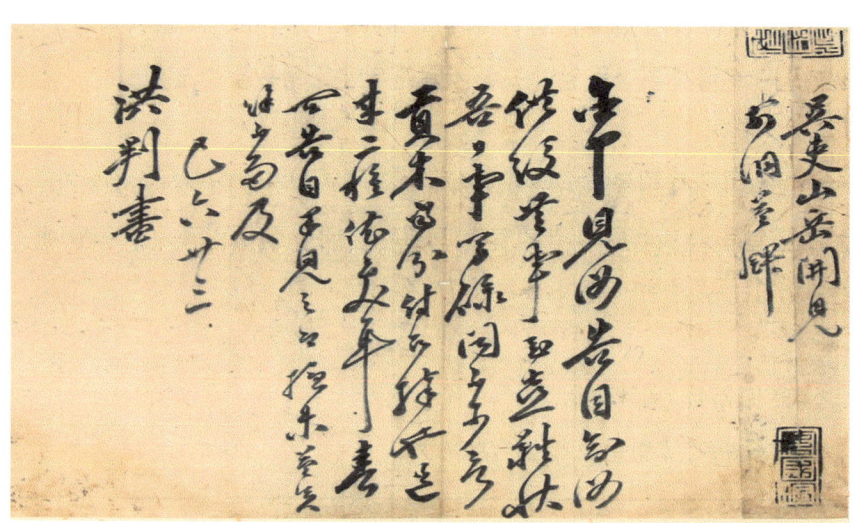

표점標點

<피봉>

吳吏山岳開見

安洞答牌

戀中見汝告目 知汝供役無事 慰喜難狀 吾日事勞碌 悶不可言 貢木當分付卽捧也 送來二種依受耳 春間告目 果見之而擾未答矣 餘不多及

己六卄三 洪判書

번역

<피봉>
아전 오산악(吳山岳)이 뜯어보게
안국동(安國洞) 답패(答牌)

그리워하던 중에 자네가 보낸 고목(告目)을 보고, 자네가 공역(供役)[21]을 무사히 마쳤음을 알았으니, 위안과 기쁨을 형용하기 어려웠네.

나는 날마다 바쁘고 고달파서 답답함을 말로 할 수 없네.
공목(貢木)[22]은 분부하여 곧바로 바치게.
보내온 두 가지 물품은 잘 받았네.
올봄에 보낸 고목(告目)은 봤지만, 어수선하여 답장하지 못했네.
나머지는 이만 줄이네.

기묘년(1759) 6월 23일에
홍 판서(洪判書)

공목(貢木)을 바치게 하는 일이 아전인 오산악의 임무 가운데 하나이며 고목(告目)을 통하여 서로의 안부를 묻고 맡은 일에 대한 보고도 하였다는 것을 알 수 있다.

---

21) 공역(供役) : 양민이나 노비 등이 나라에 제공하는 노동력이다. 신역(身役).
22) 공목(貢木) : 논밭의 세금으로 바치는 무명이다.

간찰 18

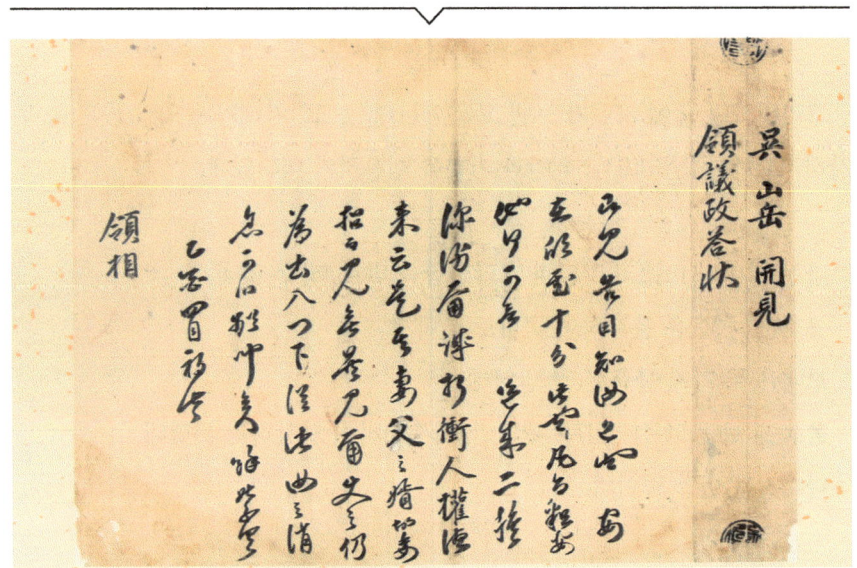

표점標點

<피봉>

吳山岳開見

領議政答狀

卽見告目 知汝近間安在 欣慰十分 此間凡百粗安 他何可言 送來二種 深謝爾誠 折衝人權德來云 是其妻父之婿 故委招而見 無異見爾 使之仍爲出入門下 從此汝之消息 可以頻聞矣 餘姑不具

乙酉四月初七日 領相

번역

<피봉>
오산악(吳山岳)이 뜯어보게
영의정이 답장함

오늘 자네가 보낸 고목(告目)을 보고 자네가 요즈음 편안히 지낸다는 것을 알았으니, 기쁨과 위안이 그지없네.

나는 모든 것이 그런대로 편안하니 달리 무슨 말을 하겠는가. 보내준 두 가지 물품은 자네 정성에 깊이 감사하네.
절충인(折衝人) 권덕(權德)이 와서 "제가 오산악(吳山岳)의 동서입니다."라고 하여 일부러 불러서 보았더니 자네를 보는 것과 다름없었네. 이에 그를 우리 집에 출입하게 하였는데, 그 뒤로부터 자네소식을 자주 들을 수 있게 되었네.
나머지는 우선 이만 줄이네.

을유년(1765) 4월 7일에 영상(領相).

이 시기에 홍봉한은 영의정을 지내고 있었다. 간찰을 통하여 오산악이 홍봉한에게 물품을 선물할 것을 알 수 있고 오산악이 자신의 일가친척을 홍봉한 집안에 출입하는 직분에 소개한 것을 알 수 있다. 이를 비롯한 여러 정황으로 본다면 오산악과 홍봉한의 관계가 집안과 집안간에 매우 친밀했다는 것을 추정할 수 있다.

간찰 19

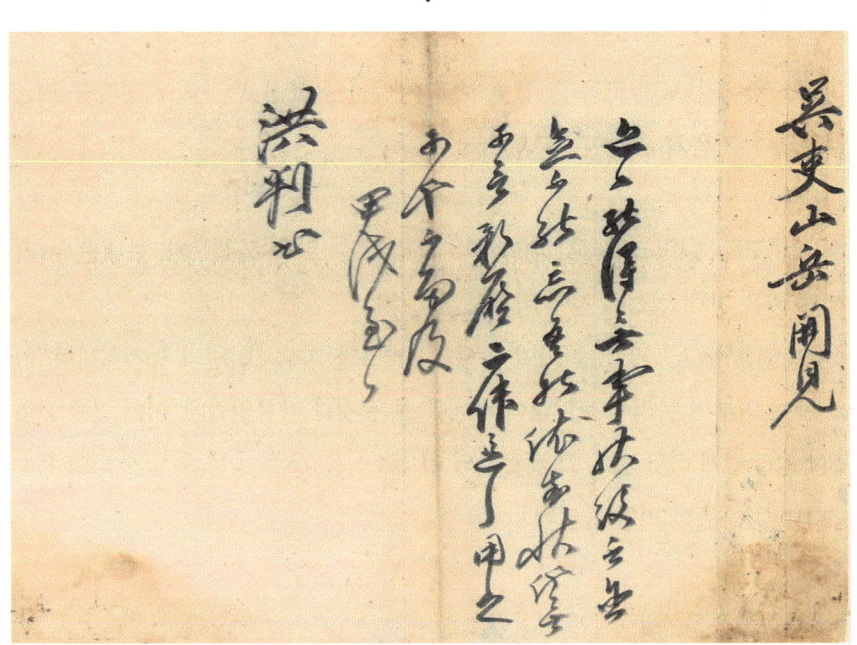

표점標點

<피봉>

吳吏山岳開見

近日能得無事服役否 戀念不能忘. 吾姑依前狀 他無可言 新曆二件送之 用之可也

不多及 甲戌至日 洪判書

번역

<피봉>
아전 오산악(吳山岳)이 뜯어보게

요즈음 능히 무사히 근무하고 있는가? 그리움과 걱정스러움을 잊을 수 없네. 나는 이전처럼 지내고 있으니 달리 할 말이 없네. 새해 달력 두 부를 보내니 사용하게. 이만 줄이네.

갑술년(1754) 동짓날에 홍 판서(洪判書).

1754년 동짓날에 쓴 간찰이다. 이 간찰이 쓰이기 바로 전인 1754년 10월 30일에 홍봉한은 총융청(摠戎廳)의 종2품 무관벼슬인 총융사(摠戎使)에 제수되었다. 총융사는 조선 후기 5군영의 하나인 총융청의 으뜸벼슬이다. 지일(至日)이 동지 또는 하지인지를 알 수 없으나 달력을 보낸 것으로 미루어 동지로 번역하였다. 다른 간찰에도 보이듯이 홍봉한은 주로 연말에 달력을 보낸 것을 알 수 있다.

발문 20

표점 標點

昔在辛丑, 我曾王考作宰義城 伊時王考以九歲 亦爲隨住衙中 而本縣吳山岳 以通引陪過矣 及當上京 王考惜別山岳 書給帖子 玆事曾於家內承聞矣

意外昨年夏 來牧星山 仍作安東省掃之行 行入義城 先爲奉審先生案 次訪山岳 山岳已沒 其子載成來見 出示帖子一張書札凡幾度 帖子卽王考九歲時親筆 書札雖非王考親筆 亦皆王考呼寫者也 雙手奉覽 一如家內承聞 此豈不貫且異

哉 仍與載成 說及往事 感涕而歸

　今載成或慮書籍之散失 一一作帖 使其子永祐 委送作書 要記事實 以保傳家 乃於卷下 詳錄顛末 又於帖面 書題以送 載成之念舊不忘 亦可尙也

　凡爲我家後承之見此帖於他日者 其所以且感且貴 亦當如吾今日之心 而惟爾永祐 亦體乃父乃祖 無墜舊誼 亦所望也

　歲庚戌二月二十六日 洪守榮 書于星山四時軒

번역

　옛적 신축년(辛丑年, 1721)에 증조부23)께서 의성(義城) 현령이 되셨다. 그때 할아버지24)는 아홉 살이었는데 증조부를 따라가 관아에 거주하였고, 의성현의 통인(通引)25) 오산악(吳山岳)이 모시고 있었다. 서울로 올라가실 때, 할아버지께서 오산악과 이별하며 체자(帖子)26)를 써 주었고, 이 일은 일찍이 집안에서 들은 이야기이다.

　뜻밖에도 작년(1789) 여름에 성주(星州) 목사로 왔고, 인하여 안동(安東)에 성묘하러 가면서 의성(義城)에 들어가서 먼저 선생안(先生案)27)을 살펴보았다. 다음으로 오산악을 찾았더니 산악은 이미 죽었고, 그의 아들 재성(載成)이 보러 왔다가 체자와 한 장짜리 편지 몇 개를 보여주었는데, 체자는 바로 할아버지께서 아홉 살 때 쓴 친필이었고, 편지는 할아버지 친필이 아니었지만 모두 할아버지께서 불러서 쓰게 한 것이었으니, 두 손으로 받들어 읽어 보니 집안에서 들은 그대로였다. 이것이 어찌 귀하고 또 기이하지 않으리오! 이에

---

23) 증조부 : 홍현보(洪鉉輔, 1680~1740)이다. 자는 군거(君擧), 호는 수재(守齋), 본관은 풍산(豊山)다. 1718년에 장원급제하였고, 저작·수찬·교리·참판·대사간·대사헌·대사성·참찬·판서 등을 역임하였으며, 시호는 정헌(貞獻)이다. 성품이 온화하고 검소하였으며, 목민관이 되어서는 선정을 베풀었다
24) 할아버지 : 홍봉한(洪鳳漢, 1713~1778)이다. 자는 익여(翼汝), 호는 익익재(翼翼齋), 본관은 풍산이다. 1744년에 급제하였고, 부윤·어여대장·참판·관찰사·참찬·판서·금위대장·삼정승 등을 역임하였으며, 시호는 익정(翼靖)이다. 저술로는 『정사휘감(正史彙鑑)』·『익익재만록(翼翼齋漫錄)』 등이 있다.
25) 통인(通引) : 지방 관아에 소속된 아전이다.
26) 체자(帖子) : 관아에서 아전을 임명할 때 쓰는 임명장, 또는 관에서 발급한 영수증이나 증명서이다. 체지(帖紙).
27) 선생안(先生案) : 중앙과 지방의 각 기관과 관서에서 전임관원의 성명·관직명·생년·본관 등을 기록한 책이다. 안책(案冊).

재성과 함께 지난 일을 이야기하며 감격의 눈물을 흘리다가 돌아왔다.

이제 재성은 편지와 문서가 흩어져서 잃어버릴까 염려하여 일일이 첩으로 만들어 아들 영우(永祐)에게 보내었고, 편지를 써서 사실을 기록하여 집안 대대로 전하도록 하였다. 마침내 책 아래에 전말을 자세하게 기록하고 또 첩(帖)의 겉장에 제목을 써서 보내었으니, 재성이 옛일을 생각하며 잊지 않는 것도 훌륭하다고 할 만하다.

대저 우리 집의 후손이 훗날에 이 첩(帖)을 본다면, 그 감격과 귀중함도 마땅히 지금 내 심정과 같을 것이니, 영우도 그의 아버지와 할아버지를 본받아 옛날의 우의를 무너뜨리지 않기를 바란다.

경술년(1790년) 2월 26일에
홍수영(洪守榮)[28]이 성산(星山)의 사시헌(四時軒)에서 쓰다.

1790년 2월 26일에 홍봉한의 손자인 홍수영(洪守榮)이 성주목사(星州牧使)를 지내고 있을 때 쓴 발문이다. 이 발문은 이 간찰첩의 출발 시점을 말해주고 있다. 1721년 홍봉한의 아버지인 홍현보(洪鉉輔)가 의성현령으로 있다가 서울로 가게 된 시점에 통인으로 있던 오산악에게 임명장에 해당하는 체지(帖紙)를 써주었고 첩(帖)의 겉장에 제목도 썼다는 것을 알 수 있다.

---

28) 홍수영(洪守榮, ~1798) : 할아버지는 홍봉한이고, 아버지는 홍낙인(洪樂仁)이며, 고모가 사도세자의 정실인 혜경궁 홍씨(惠慶宮 洪氏)로 정조의 친어머니이다. 음직으로 관직에 올라 참봉·주부·현령·군수·목사·별제·첨정 등을 역임하였으며, 정조의 두터운 은혜를 입었다.

이로써 홍봉한의 집안이 서울로 근거지를 옮겼지만 오산악과 결별하지 않고 계속해서 연락을 하며 오산악을 비롯하여 그의 아들과 손자에 이르기까지 집안의 아전이 된 계기가 된 것으로 보인다. 그러나 현재의 간찰첩에는 체지가 없고 첩의 겉장에 썼다는 제목도 없다. 그럼에도 발문의 내용에는 체지와 간찰이 첩으로 묶여진 동기와 목적을 말하고 있어 시발점을 연구하는데 중요하다고 판단된다.

발문 21

표점標點

[皮封]

簡

此帖卽我曾王考 曁我先君子 贈答吳載成兩世書簡

吳聞韶人也 昔年高王考 出守本縣時 吳之翁以知府 事我曾王考 有當時帖子之書與厥後有書簡幾度 至己酉 先君子涖星州也 吳述其先志 粧出此帖 使其胤永祿 來乞題跋于先君子 亦有往復書幾度 合藏于家 以作傳家之資 儘可貴矣 記昔吾家盛時 三千桃李 幾百珠履 盈門塡堂 及夫桑海屢變 哀樂倐換 則昔之盈門塡堂者 擧皆雨飄風散 惟以大嶺外 踈逖之人 猶能不替舊誼 如是之勤 此誠有任安獨存之義也 嗟余孤露晚生 未詣家中故事 吳之胤永祿 來訪於一善任所 袖示此帖 又請繼跋 摩挲遺蹟 不禁感舊傷今之懷 亦知吳之爲門下故吏 凡我後承 見此帖於他日者 其所興感 當如我先君子題跋之時 亦如我今日之續題 而吳之子子孫孫 能體乃祖乃父之心 勿墜舊日之誼 則豈不美哉! 豈不休哉!

掇先君子題意 尾附勉旃之意

丁丑二月一日 洪世周 書于一善府堂

번역

　이 간찰첩(簡札帖)은 증조부[29]와 아버지[30]께서 오재성(吳載成)[31] 부자(父子)와 주고받은 편지이다. 오재성은 문소(聞韶, 의성) 사람이다. 옛적 고조부[32]께서 의성 현령으로 나가셨을 때, 재성의 아버지 산악(山岳)이 고을 사정을 잘 아는 아전으로서 증조부를 모셨고, 당시에 써 준 체자(帖子)와 그 뒤에 보낸 몇 통의 편지가 있다. 기유년(己酉年, 1789년)에 아버지께서 성주(星州)를 다스릴 적에 재성이 죽은 아비 산악의 뜻을 이어서 이 간찰첩을 만들었고, 아들 영록(永祿)을 시켜서[33] 아버지께 발문을 써주기를 원하였다. 또 주고받은 몇 통의 편지와 함께 갈무리하여 대대로 집안에 전하는 보물로 삼았으니, 참으로 귀하게 여긴 것이다.

　옛적 우리 집이 융성했을 때는 무수한 인재와 온갖 벼슬아치들이 집에 가득했던 것을 기억하고 있다. 그러나 여러 차례 상전벽해 같은 변고를 겪고 슬픔과 즐거움이 갑자기 변하자 예전에 집을 가득 메웠던 사람의 대부분이 흩날리는 빗방울과 부는 바람처럼 흩어졌다. 오직 머나먼 영남의 소원했던 사람만이 오히려 지난날에 사이좋게 지내던 정을 바꾸지 않고 이처럼 정성스러우니, 이는 참으로 임안(任安)[34]이 홀로 지킨 의리가 아니겠는가.

---

29) 증조부 : 홍봉한(洪鳳漢, 1713~1778)이다
30) 아버지 : 홍수영(洪守榮, ?~1798)이다.
31) 오재성(吳載成) : 경상도 의성현(義城縣)의 아전 오산악(吳山岳)의 아들이다
32) 고조부 : 홍현보(洪鉉輔, 1680~1740)이다.
33) '발문 20번'을 쓴 1789년에는 '永祐'를 보낸 것으로 되어있어 내용상 '永祐'로 되어야 한다. 원본에 '祿'이라는 글자를 고쳐 쓴 흔적이 보인다.
34) 임안(任安) : 자는 소경(少卿)이고 한무제(漢武帝)의 신하이다. 한무제가 대사마(大司馬)의 직위를 신설하고 대장군 위청(衛靑)과 표기장군 곽거병(霍去病)을 함께 대사마에 임명하여 표기장군의 지위와 녹봉을 대장군과 같게 하였는데, 그 뒤로 위

아아! 나는 어버이를 여읜 데다가 늦게 태어나 집안에서 일어났던 옛일을 알지 못했는데, 재성의 아들 영록(永祿)이 일선(一善, 선산)의 임소(任所)35)로 찾아와 소매에서 이 간찰첩을 꺼내어 보여주며, 아버지의 뒤를 이어 발문을 써 달라고 부탁하였다. 선조께서 남긴 자취를 어루만지니, 지난 일을 생각하며 이제는 작고하신 분들을 슬퍼하는 심정을 그칠 수 없었으며, 또한 오산악이 우리 문중의 옛날 아전이었다는 것도 알게 되었다.

대저 우리 집안 후손들이 뒷날에 이 간찰첩을 본다면, 그 깊은 감동은 마땅히 아버지께서 발문을 쓰실 때와 내가 오늘 이어서 쓰는 심정과 똑같을 것이다, 오산악의 자손들도 그들 선조의 마음을 깊이 깨달아 옛날의 두터웠던 정을 잃어버리지 않는다면, 어찌 아름답지 않겠는가, 어찌 훌륭하지 않겠는가. 아버지께서 발문을 쓰신 뜻을 이어서 끝에 격려하는 뜻을 덧붙여 적는다.

정축년(丁丑年, 1817) 2월 1일에
홍세주(洪世周)36)가 일선(一善) 동헌에서 쓰다

청의 세력이 쇠해지고 곽거병의 위세가 더해지자 위청과 친했던 이들이 대부분 곽거병을 섬겼으나, 오직 임안만은 그렇게 하지 않았다고 한다.
35) 임소(任所) : 지방 관원이 머물며 근무하는 곳이다. 홍세주(洪世周)는 병자년(1816)에 선산 부사에 제수되었다
36) 홍세주(洪世周, 1791~?) : 조선후기의 관리로 字는 천뢰(天賚)이며 본관은 풍산(豐山)이다. 증조부는 홍봉한(洪鳳漢)이며 아버지는 홍수영(洪守榮)으로 혜경궁 홍씨의 친족이다. 1808년 임금의 특별명령으로 군직(軍職)으로 출사하고 1814년에는 직산현감(稷山縣監)이 되었다.

홍봉한이 오산악에게 보낸 간찰이 주를 이루었다면, '발문 20번'과 '발문 21번'은 다시 그들의 후손과 후손이 만나 조상들의 의의를 되새기며 간찰을 첩으로 만들게 된 동기와 발문을 쓴 경위를 말하고 있다.

한편 풍산 홍씨(豐山 洪氏) 집안이 정세에 따라 영화로움과 쇠함을 겪으며 주변인들에게 느꼈을 회한이 두 집안 간의 정의가 더욱 두드러지게 된 계기가 된 것을 알 수 있다.

'발문 20번'은 홍봉한의 손자인 홍수영이 1790년에 오산악의 자손인 오영우에게 써준 것이고, '발문 21번'은 홍봉한의 증손자인 홍세주가 처음 발문을 쓴지 27년만인 1817년에 오산악의 자손인 오영록에게 써준 것으로 시간적 간극이 있다. 그러나 두 집안의 후손들이 다시 만나 한결같은 정의(情誼)를 거듭 다지며 이 간찰을 첩으로 만든 동기와 목적을 밝히고 있으며 후손들간에 면면이 이어지는 마음을 보이고 있다.

IV

나오는 말

VI

Ⅳ. 나오는 말

　양반이 중인(中人)에게 보낸 간찰이 첩으로 묶여 나온 것이 이례적이다. 게다가 혜경궁 홍씨의 아버지인 홍봉한의 글이라는 점에서 더욱 이목이 집중된다고 볼 수 있다. 그만큼 이번 간찰에 대한 연구는 1700년대 조선시대의 여러 면모를 다각적으로 연구할 좋은 계기가 될 것으로 기대된다.

　그동안 양반(兩班)과 중인(中人)간의 간찰도 희귀했지만 그것이 첩으로 묶여져 있는 것을 아직 발견하지 못했기 때문이다. 무엇보다 이 간찰첩을 주목하는 것은 주요 발신자인 홍봉한과 수신자인 오산악 두 사람에 그치는 것이 아니라 그들을 넘어 손자와 증손자에게까지 이어지며 후손과 후손이 자신들의 조상들을 떠올리며 애틋한 정을 나누고 따뜻한 인사와 의의를 다지며 신분을 넘은 인간적인 면모가 두드러진 내용이라는 것이다.

　그럼에도 아쉬운 마음을 금할 수 없는 것은 발문에서 언급된 체자(帖子)들과 많은 간찰이 사라지고 약간만이 남았을 확률이 높다는 것이다.

　이 간찰첩의 첫 간찰인 1753년 간찰이 실은 처음 쓰인 것은 아니라고 판단된다. 내용적인 면에서 계속 이어져 왔다는 뉘앙스를 주고 있다는 것만이 아니라 '발문 20'에서 홍봉한이 9살 때에 서울로 이사하게 되자 몹시 서운해하며 써주었다는 그 '帖[37]'이 일단 이 간찰첩에 들어 있지 않다는 것을 주목할 수 있다. '간찰 10'이 1753년에 처음 쓰였는데, 이때 이미 홍봉한은 어영대장 (御營大將)에 올라있었으므로 이어지지 않는 전혀 다른 내용인 것이다.

또한 겉표지에 제목을 써서 주었다는 내용도 있지만 현재 간찰첩의 겉표지에는 아무런 제목도 쓰여있지 않은 것으로 미루어 여러 장소와 사람을 전전하면서 산실되고 변형되었다는 것을 추정할 수 있다.

이러한 사실을 바탕으로 추론한다면, 원래 주고 받은 많은 간찰이 다수 있었고 비교적 두터운 분량의 간찰첩이었을 가능성이 있다고 본다. 그러나 현재, 시간과 공간의 수많은 변화를 겪으며 지금 여기에 이만큼이라도 남아 있는 것은 그래도 원래 보존하고자 했던 후손들의 마음이 투영된 것이다. 시간적으로 언급된 시작점이 1721년이지만 처음 간찰은 1753년이므로 그 간극이 32년이나 되며, 지금까지는 무려 300여년 이라는 긴 시간인 것을 감안해야 한다.

이러한 많은 아쉬움에도 불구하고 몇 통이라도 남아 거의 백 년에 걸쳐 증손자에까지 미치는 시간을 들여다볼 수 있게 되었다. 그 결과 1700년대 조선에서의 양반과 중인이 어떤 인간관계를 형성하고 어떤 말들을 하였는지 그들의 정서는 어떻게 표현되었는지 등에 대한 면모가 다소라도 세상에 드러나게 된 것은 큰 다행이라고 생각된다.

---

37) 여기서는 임명장에 해당하는 체지(帖紙)를 말하는 것으로 보인다.

다만 간찰이라는 한계와 특성상 여기서 깊이 다루지 못한 역사적 사건과 갈등에 대해서는 추후 연구를 기약하며 세상 어딘가에 이와 관련되거나 이어진 간찰이 있다면 이 연구를 계기로 남은 간찰이 세상에 드러나 제반 학문연구에 더 많은 역할을 하게 되기를 희망한다.

참고문헌

1. 원전

· 『英祖實錄』

· 『正祖實錄』

· 『承政院日記』

· 『萬家譜』

· 『海州吳氏族譜木活字本』,

· 『海州吳氏大同譜』

· 李昌鉉 等纂-『姓源錄』

· 『洪翼靖遺事』奎-1511

· 『先府君年譜略』奎- 3226

· 국립중앙박물관, 『정조임금편지』, 2009.

· 혜경궁 홍씨 지음, 정병설 옮김, 『한중록』, 문학동네, 2010.

· 정은임, 『혜경궁 홍씨와 왕실 사람들』, 채륜, 2010.

2. 논저

· 구순옥, 『洪鳳漢의 正史彙鑑 譯注 : 卷1과 卷2를 대상으로』, 고려대 박사학위논문, 2017
· 김영민, 『英·正祖代 豊山 洪鳳漢家門의 부흥과 분열』, 2010
· 孫琮銀, 『洪鳳漢(1713-1778)의 정치 활동과 평가의 추이』, 2020
· 염정섭, 『조선후기 한성부 준천의 시행』, 「서울학연구」 11, 1998
· 이근호, 『영조대 탕평파의 국정운영론 연구』, 국민대 박사학위논문, 2002
· 이근호, 『18세기 후반 혜경궁 가문의 정치적 역할과 위상』, 2015
· 임혜련, 『영조~순조대 惠慶宮의 위상 변화』, 2015
· 정만조, 『혜경궁의 삶과 영조대 중·후반의 정국』, 2015

洪鳳漢 간찰첩

펴 낸 날 ǀ 초판 1쇄 2023년 9월 27일
지 은 이 ǀ 정승경
발 행 일 ǀ 2023년 09월 27일
발 행 처 ǀ 서울 성북구 고려대로 27길 7 (02-957-7780, 923-5930)
제   작 ǀ 꽃피는청춘(도서출판 안북스)
디 자 인 ǀ 인쇄와디자인
I S B N ǀ 979-11-89850-43-2
정   가 ǀ 15,000원

* 이 책의 저작권은 정승경이 소유하고 있습니다. 이 책에 담긴 모든 내용 및 자료 중 일부 또는 전부를 정승경의 문서를 통한 허가없이 어떠한 형태로든 무단으로 복사 또는 전재하여 사용할 수 없습니다.